Moewig

BERUF & KARRIERE

Perfekt reden, sich verständlich ausdrücken

So werde ich zum erfolgreichen Redner

Moewig

Verlagsunion Erich Pabel-Arthur Moewig KG, Rastatt

Originalausgabe

Text: Dipl.Psych. Siegfried Brockert
Textbearbeitung: Dr. Petra Gallmeister

Umschlagentwurf und -gestaltung: Atelier Adolf Bachmann, Reischach
Printed in Germany 1992
Druck und Bindung: Elsnerdruck, Berlin
ISBN 3-8118-7246-X (60er-Kassette)

Inhalt

Ziel dieses Buchs

Mit dem Reden ist das so eine Sache. Manche Menschen leben richtig auf, wenn sie vor anderen Menschen das Wort ergreifen können, andere würden lieber im Boden versinken. Eine Rede zu halten, eine geschäftliche oder eine Tischrede im Privatleben, ist für viele Menschen eine lästige Pflicht, für andere sogar durchaus vergleichbar mit so „fürchterlichen“ Begebenheiten wie mit dem Fallschirm aus einem Flugzeug abzuspringen, vom Zehnmeterbrett ins Bassin zu springen oder auch Blut zu sehen.

All dies wird aus ziemlich genau den gleichen Gründen als belastend empfunden.

Wer vor anderen Menschen steht (oder in der Fallschirmluke oder auf dem Zehnmeterbrett), ist sehr allein und sieht sich mit einer großen Herausforderung konfrontiert, vor der er Angst hat. Um Ihnen zu helfen, eine Rede zu halten, haben wir die wichtigsten Ratschläge im Kapitel „Zehn Grundsätze für eine gute Rede“ kurz zusammengefaßt. Vorher finden Sie einige Hilfen, zu denen die jetzt folgenden Überlegungen überleiten sollen.

Der Sinn jeder guten Rede besteht darin, mit anderen Menschen ins Gespräch zu kommen.

Das sollte auch mit einem Buch möglich sein. Sehen Sie deshalb dieses Buch als eine Arte Rede an. Ein durchdachter und überprüfter Text wird Ihnen im Zusammenhang dargestellt. Anders als bei sonstigen Reden haben Sie hier aber einige entscheidende Vorteile:

- Sie können sich wichtige Stellen markieren, nochmals lesen und „schwarz auf weiß getrost nach Hause tragen".
- Sie können an jeder Stelle unterbrechen, Ihre eigenen Gedanken aufschreiben – und der „Redner" macht solange Pause.
- Sie können – und das geht beim Fernsehen nicht und beim Video nur bedingt – Ihre eigene Stoffauswahl treffen; was Ihnen wichtig erscheint, nehmen Sie zur Kenntnis, das andere überblättern Sie.
- Sie können Ihr eigenes Tempo vorlegen. Bei wie vielen Fernsehsendungen wünschte man sich einen Knopf für Schnellvorlauf, um den Redefluß eines eitlen Menschen abkürzen zu können ...

Das „gute alte Buch" ist also immer noch eines der modernsten Kommunikationsmittel. Genau wie Zeitungen, Zeitschriften und das Fernsehen ist es aber eine „Einbahnstraße der Kommunikation". Der Leser, also der Adressat jeder Information, kann nicht mitreden, kann sich nicht wehren, wenn seine Intelligenz unter- oder überfordert wird oder seine Gefühle beleidigt werden.
Die Leserin und der Leser kann nichts beitragen, wenn sie oder er eine bessere Idee hat als der Autor.
Schließlich gibt es zu jedem Buch Fragen: Verständnisfragen (weil der Autor sich nicht deutlich genug ausgedrückt hat, weil er vielleicht einen Sachverhalt nur mit wenigen Worten angedeutet hat, den man eigentlich länger ausführen müßte) und Sachfragen. Manchmal möchte man irgend etwas genauer wissen und am liebsten den Autor danach fragen. Genauso kann es interessant und wichtig sein, mit anderen Lesern, die am selben Thema interessiert sind, ins Gespräch zu kommen, um so von deren Erfahrungen,

Fragen, Erfolgen und Fehlern profitieren zu können. Das möchte Ihnen auch dieses Buch, jedenfalls im Ansatz, mittels einiger Hilfsmittel bieten, die wir Ihnen im folgenden Kapitel erläutern.

Hilfsmittel

Dieses Buch ist ein Ratgeber, der Ihnen helfen will, persönliche Fragen zu beantworten. Bücher wenden sich an sehr viele Menschen mit unterschiedlichen Lebenseinstellungen, unterschiedlichen Erfahrungen und unterschiedlichen Hoffnungen.

Von einem bestimmten Punkt an bleiben Sie deshalb in jedem Buch mit Ihren persönlichen Fragen, Anregungen und mit Ihrer Kritik allein. Um hier einen Ausgleich zu schaffen, um Möglichkeiten eines persönlichen Austauschs und einer individuellen Beratung zumindest im Ansatz zu bieten, enthält dieses Buch zwei Hilfen.

Kopiervorlagen

An verschiedenen Stellen dieses Ratgebers finden Sie Tabellen-Schemata, die Sie ausfüllen sollten. Füllen Sie sie aber nicht im Buch aus! Statt dessen sollten Sie sich die Vorlagen kopieren, damit Sie stets ein sauberes Schema als Hilfsmittel zur Verfügung haben.

Die Kopiervorlagen werden immer dann eingesetzt, wenn es um wichtige Verhaltensänderungen geht. Zwar stimmt es, daß nur derjenige ein Realist ist, der auch an Wunder glaubt. Doch wer bei den Möglichkeiten persönlicher Weiterentwicklung an Wunder glaubt, der wird sein blaues Wunder erleben. Hier geht es nur schrittweise, und man muß die einzelnen Schritte immer neu wiederholen.

Die Kopiervorlagen erstrecken sich jeweils über eine Doppelseite. Allerdings ist das aufgeschlagene Buchformat kleiner als DIN-A4. Legen Sie deshalb die Vorlage im Kopierer jeweils in der oberen rechten Ecke an, dann haben Sie links einen Rand, den Sie lochen können. Es empfiehlt sich nämlich, die Kopiervorlagen abzuheften, damit Sie eine Erfolgsbestätigung für Ihre Fortschritte haben.

Ratgeber-Kupon

Seite 15 ist ein Blatt, das Sie aus dem Buch heraustrennen können: Ihr Ratgeber-Kupon. Er bietet Ihnen die Möglichkeit, Ihre Kommentare und Fragen in kurzer Form an den Autor dieses Buches zu schicken. Stecken Sie den Zettel einfach in einen Fensterumschlag, dann haben Sie die Adresse gleich richtig im Adreßfeld. Legen Sie einen an sich selbst adressierten Antwortumschlag im Format Din-A5, frankiert mit DM 1,– (bzw. mit dem gültigen Porto für Drucksachen bis zu fünfzig Gramm Gewicht), und DM 2,– in Münzen (bitte nicht in Briefmarken) als Schutzgebühr bei. Dieses Geld soll die Kosten für Papier, Druck und Versand der angeforderten Information decken und als kleine Schutzgebühr zusätzlich sicherstellen, daß niemand schreibt, der es mit seiner Stellungnahme nicht ernst meint.
Ab August 1992 liegt ein erster **Sonderdruck mit Antworten auf alle Fragen und Anregungen** vor, die bei uns eingegangen und von allgemeinem Interesse sind. Diesen Sonderdruck schicken wir Ihnen zurück, wenn Sie uns schreiben und die Schutzgebühr beilegen. Sie profitieren also auch von den Anregungen anderer Leser. Der Sonderdruck wird alle halbe Jahre aktualisiert – also jeweils zum 1. August

und 1. Februar eines Jahres. Dieser Service ist befristet bis zum 31. 12. 1995. Sie können ihn selbstverständlich auch regelmäßig alle halbe Jahre in Anspruch nehmen. In diesem Fall sollten Sie jeweils eine Fotokopie des Kupons einsenden.

Bitte haben Sie Verständnis dafür, daß falsch frankierte Rückumschläge aus unserem Leserservice herausfallen.

Und eines noch zu guter Letzt: Die Herausgabe der Sonderdrucke ist ein ganz persönlicher Service des Autors für die Leser dieses Buchs und außerhalb der Verantwortung des Verlages. Richten Sie deshalb Ihre Zuschriften nur an die angegebene Adresse und **nicht** an den Verlag!

Diese Seite läßt sich leicht heraustrennen, ohne das Buch zu beschädigen.

Beruf & Karriere III
Dipl.Psych. Siegfried Brockert
Postfach 221
8000 München 71

Diese Seite aus dem Buch herausreißen und in einen Umschlag stecken. Bitte einen frankierten Rückumschlag (zur Zeit gültiges billigstes Drucksachen-Porto) nicht vergessen sowie eine Schutzgebühr von DM 2,– (als Münze, bitte nicht in Briefmarken). Bitte mit DM 1,– (oder dem niedrigsten Standard-Briefporto) an die nebenstehende Adresse schicken. Wenn Sie einen Fensterumschlag benutzen, erscheint die Adresse im Brieffenster.
Bitte füllen Sie den Rückantwortumschlag mit Ihrer Anschrift aus.

Anregungen, Fragen, Kritik

Ihr Absender

____

(Name)

____

(Straße)

____

(PLZ) (Wohnort)

Zehn Grundsätze für eine gute Rede

Stellen Sie sich vor, Sie müßten morgen oder bald eine Rede halten. Sie haben viele Ideen im Kopf – und im Herzen die Angst, daß Ihre Rede nicht so gut wird, wie sie werden könnte und sollte. Wie sollen Sie sich vorbereiten?

Die kürzeste und damit beste Anweisung für Redner hat Martin Luther gegeben. Pfarrern, die auf die Kanzel gehen, gab er die Weisung mit: „Gehe rauf, tus Maul auf, hör bald auf!“

Wesentliche Elemente des öffentlichen Sprechens sind in dieser kurzen Anweisung enthalten.

1. Hier ist in derbem Luther-Deutsch eine kurze und ermutigende Psychologie gegen die Redeangst enthalten: Stell dich hin, sag, was du zu sagen hast, hör wieder auf – und wenn dir bei der Vorstellung, jetzt öffentlich sprechen zu müssen, so ist, als ob die Welt versinken würde, denke daran: Es sind schon vor dir Reden gehalten worden, gute und schlechte, es werden nach dir Reden gehalten werden (ebenfalls gute und schlechte), und die Welt ist noch von keiner Rede untergegangen.

2. Luther deutet auch an, worin eine gute Rede besteht. Er sagt nicht: „Nimm ein eng beschriebenes Zwanzig-Seiten-Manuskript, senke den Kopf, atme flach und lies das Ganze ohne Punkt und Komma in monotoner Sprechweise herunter.“ Statt dessen sagt er: „Tus Maul auf.“ Das heißt: Habe den Mut, zu reden, wie dir der Schnabel gewachsen ist. Halte

deine eigenen Worte, deine Fähigkeit, dich auszudrücken, nicht für gering. Rede als Betriebsrat mit Fachschulbildung nicht wie der Betriebsinhaber, der vielleicht Germanistik und Kunstgeschichte studiert hat. Rede als Student nicht wie ein Professor, der universell gebildet ist. Versuche als Tischredner bei einer Hochzeitsfeier nicht so blitzgescheit zu sein wie der Rhetoriker Walter Jens ...
Denn alle Zuhörer werden dir dankbar sein, wenn du im wesentlichen deine eigenen Worte benutzt. Die kommen herüber, mit denen können sie etwas anfangen, weil du nur so als Mensch greifbar und damit begreifbar bist.
3. Ein weiteres Geheimnis der guten Rede besteht im letzten Rat von Martin Luther: „Hör bald auf!" Jede Rede soll möglichst bald zu einem guten Ende kommen.
4. Natürlich stehen nicht alle wichtigen Ratschläge in den acht Worten, die Martin Luther über das öffentliche Reden geäußert hat.
Jede gute Rede ist z. B. präzise vorbereitet. Wenn Sie unsicher sind: Schreiben Sie Ihre Rede von A bis Z auf. Nehmen Sie Ihr Manuskript mit. Dann kann Ihnen nichts geschehen: Wenn Sie steckenbleiben oder sonst ein Mißgeschick passiert, haben Sie den Mut, offen zu bekennen:

> *Ich gerate jetzt etwas durcheinander. Um Ihnen aber nicht die Zeit durch möglicherweise unpräzise Ausführungen zu stehlen, habe ich die Rede schriftlich ausgearbeitet. Darauf greife ich jetzt zurück. Bitte haben Sie aber keine Hemmungen, mich zu unterbrechen, wenn Ihnen in der geschriebenen Rede etwas zu kompakt und zu unverdaulich erscheint.*

Vergessen Sie die großen Rhetoriker

Es gibt Bücher mit den Reden großer Persönlichkeiten. Sie selbst haben erlebt, wie gute Reden gehalten worden sind. In dem Moment, in dem Sie selbst daran denken, eine Rede zu halten, fällt Ihnen ein, wieviel Gescheites so im Laufe eines Tages gesagt wird. Wie können Sie dagegen bestehen? Es ist gar nicht so schwer. Sie müssen nämlich nicht reden wie Cicero oder Demosthenes.
Nehmen Sie einmal die wirklich großen Kommunikatoren unserer Zeit, die Fernsehstars. Lassen Sie einfach einmal ein Tonband mitlaufen, wenn die Gottschalks, Dalls, Lippis, Reibers, Schürmanns, Peter Alexanders oder Carrells im Fernsehen reden.
Hören Sie sich das einmal konzentriert an, oder schreiben Sie einen Teil des Tonbandes ab. Sie werden überrascht sein, wieviel Allgemeinplätze, Binsenweisheiten, gestotterte Satzbruchstücke auf dem wortwörtlichen Transkript der Rede unserer Star-Entertainer zu finden sind. Und wenn Sie diesen Text mitlesen und dazu das Band laufen lassen und hören, wieviel Beifall und Freude diese auf dem Papier primitiv erscheinenden, eigentlich eines Viertkläßlers unwurdigen Sätze auslösen dann haben Sie viel über den Sinn des öffentlichen Sprechens erfahren und viel von Ihrer eigenen Hemmung, es möglicherweise nicht hinzubekommen, abgebaut.

5. Erkennen Sie den Unterschied zwischen dem geschriebenen und dem gesprochenen Wort. Hierzu reicht es, die unterschiedliche Verwendung von Kommas zu bedenken. Das heißt, bei einer Rede haben Sie nur ein Komma pro Satz zur Verfügung. Wenn Sie also Ihre Rede schreiben, benutzen Sie bitte nie mehr als ein einziges Komma pro Satz. So verhindern Sie, daß Sie Schachtelsätze bauen, die man zwar als Leser, aber nicht als Hörer versteht.

6. Beginnen Sie die Ausarbeitung Ihrer Rede mit dem Schlußsatz. Schreiben Sie sich ganz klar auf, worauf Sie hinauswollen.

Was ist das Ziel Ihrer Rede? Alles andere steht im Dienst dieses zumeist nur einen Gedankens, dieser einen Aufforderung etc.

Wenn diese Sache einmal klar ist, fallen Ihnen alle anderen Worte zu. Es gibt ja unendlich viele Worte und unendlich viele Möglichkeiten, ein und dieselbe Sache auszudrücken.

Wenn Sie rumprobieren, sind Sie noch auf der Suche nach Worten. Das ist auch insofern kreativ, als Worte natürlich die Transportmittel von Gedanken sind. Manchmal kommt man erst auf Ideen, wenn man anfängt, Worte auszuprobieren: Sprechen Sie die Worte beim Nachdenken im Kopf leise mit, oder sagen Sie sie, wenn Sie ungestört sind, laut vor sich hin.

Der Satz: „Wie soll ich wissen, was ich denke? Ich habe mich ja noch nicht reden gehört!“, enthält viel Wahrheit. Wenn Ihnen also bei der Redevorbereitung keine wirklich zündenden Gedanken kommen, fangen Sie einfach an, vor sich hinzureden.

Machen Sie aber möglichst bald wieder Schluß mit dieser Methode, denn die Möglichkeiten, Worte und Gedanken zu produzieren, schießen so schnell ins Kraut, daß Sie viel mehr Rohmaterial produzieren, als Sie in einer Rede von zumutbarer Länge überhaupt verwenden können. Benutzen Sie diese Methode also nur so lange, bis Sie wirklich den Schlußsatz Ihrer Rede haben und somit eine klare Antwort auf die Frage geben können: Warum rede ich überhaupt? Was will ich erreichen?

7. Formulieren Sie die ersten zehn Sätze Ihrer Rede auf jeden Fall auf Papier. Geben Sie sich zusätzlich eine kleine Regieanweisung. Sie lautet ungefähr:

- Ich stehe auf und gehe nach vorne.
- Ich stelle mich ganz ruhig hin und warte, bis Ruhe herrscht.
- Wenn die Ruhe nicht von selbst eintritt, such' ich mir ein paar Gesichter, die mich anblicken, und schaue sie an. Diese Menschen werden dann schon für Ruhe sorgen.
- Ich tue nichts anderes, als mich hinzustellen und zu warten. Eventuell gebe ich kleine Zeichen (Erheben des Manuskripts, Klopfen an das Mikrofon). Das tue ich, auch wenn mir die Zeit wie eine Ewigkeit vorkommt.
- In der Zeit des Wartens mache ich nichts weiter, als halblaut, aber ohne Lippenbewegungen vor mich hinzusagen: „Liebe Festgemeinde; liebe Kolleginnen und Kollegen; sehr geehrte Damen und Herren ..." Diese Anrede muß sitzen. Sie darf hundertmal im Geiste, leise vor dem Spiegel oder laut im Wald vor einigen Bäumen oder vor einem rauschenden Fluß einstudiert werden.

8. Der zweite Satz Ihrer Rede soll ebenfalls völlig klar in Ihrem Kopf sein. Er soll

- das Thema Ihrer Rede nennen,
- vielleicht noch einmal erklären, warum Sie gerade zu diesem Thema sprechen,
- ungefähr den Rahmen abstecken, den Sie inhaltlich und zeitlich ausfüllen.

Sie können beispielsweise sagen: „Ich möchte kurz von ein paar Erfahrungen aus unserer Abteilung berichten. Hier konzentriere ich mich auf drei Beispiele. Das nimmt etwa fünf Minuten in Anspruch. Ich bitte jetzt schon um Entschuldigung dafür, daß die Informationen vielleicht etwas theoretisch sind, aber nach diesen fünf Minuten haben wir das Schwerste bereits geschafft. Danach will ich noch ein paar Ausführungen darüber machen, wie wir die neugewonnenen Erkenntnisse anwenden. Ich hoffe, daß Sie darin einiges für Ihre praktische Arbeit finden."
Mit solchen Formulierungen reden Sie sich „warm". Die Zuhörer werden orientiert, sie wissen, worauf sie sich einstellen müssen, und werden es Ihnen mit Aufmerksamkeit sowie Wohlwollen danken. Und was noch wichtiger ist: Sie haben überhaupt einmal einige Sätze gesprochen, bevor Sie mit Ihrer eigentlichen Rede angefangen haben. Sie werden merken: Luther hilft. „Gehe rauf, tus Maul auf!" wirkt. Sie werden Ihre Hemmungen verlieren, denn Sie haben bereits jetzt den Zuhörern etwas Sinnvolles mitgeteilt, und es ist gut aufgenommen worden.
9. Vermeiden Sie den größten Anfängerfehler. Die meisten Menschen glauben, eine Rede bestehe aus Bonmots, aus Geistesblitzen, originellen Formulierungen. Ein solcher Redner wird oft bewundert – aber denken Sie nicht an Bewunderung und Beifall. Eine Rede soll ja erst einmal etwas bewirken, und meist soll das Ziel einer Rede nicht darin beste-

hen, Bewunderung für die Geisteskraft des Redners zu erzeugen. Einfacher gesagt: Der Redner soll sich nicht selbst produzieren, soll nicht brillieren, sondern soll „dem Volk aufs Maul schauen". Die großen Reden dieser Welt – ebenso wie die vielen kleinen, die ihren Sinn erfüllt haben – bestehen darin, daß ein Mensch das ausgedrückt hat, was viele denken. Die guten Redner stellen ihre eigene Redekunst und ihren Mut, nach vorne zu treten, in den Dienst der Sache all derer, die die entsprechenden Fähigkeiten des Kopfes und des Herzens nicht haben (oder die glauben, beides nicht zu haben). Das höchste Ziel einer guten Rede (wie auch einer guten „Schreibe") liegt darin, Menschen das Gefühl zu geben: „So habe ich es immer schon sagen wollen."
Denken Sie bei der Vorbereitung Ihrer Rede also ganz konkret an einige Menschen, die unter Ihren Zuhörern sein werden. Überlegen Sie sich genau, was diese Menschen auf welche Weise selbst sehr gerne gesagt hätten. Bringen Sie dies in Einklang mit dem Ziel Ihrer Rede (siehe Punkt 6) – und fertig ist Ihre Rede.

10. Überlegen Sie noch einmal, warum ein Mann wie Thomas Gottschalk bereits einen donnernden Applaus bekommt, wenn er „Guten Abend!" sagt, und warum dieser Applaus zum Orkan wird, wenn er die Menschen auf die eigentlich doch simpelste, weil allgemeinste, Weise anredet, die man für Menschen überhaupt wählen kann: „Guten Abend, liebe Dortmunder!" Das hat folgenden Grund: Gottschalk macht sich, wie natürlich alle anderen Moderatoren und Entertainer auch, die Mühe, die Menschen erst einmal auf eine versöhnliche, vertraute und ins Persönliche gehende Art und Weise anzusprechen. „Er sagt zu mir: ‚Guten Abend', er drückt meine Befindlichkeit aus, denn ich bin ja Dortmunder, ich sitze hier im Saal ..."

So einfach ist es, in die Herzen der Menschen hineinzukommen. Diese Form ist so schlicht, daß die meisten ungeübten Redner sie übersehen.
Zusätzlich zur persönlichen Anrede kann man noch einen kleinen Scherz vorbereiten. Zu jedem Thema gibt es einen Witz. Und wer erst einmal die Menschen zum Lachen gebracht hat, der sagt ihnen: „Egal, was passiert, langweilen werde ich Sie nicht." Und dann stellt sich bereits zu Anfang einer Rede jene Erleichterung ein, die die meisten Redner nur dann bei ihrem Publikum hervorrufen, wenn sie endlich aufgehört haben zu reden. (Der Beifall nach den meisten Reden drückt die Erleichterung darüber aus, daß die Prozedur nun endlich vorüber ist – die meisten Redner halten ihn allerdings für Beifall für das Gesagte.)
Es kommt also nicht nur auf Worte und Gedanken an. Worte und Gedanken kann man zur Not noch aufschreiben, und den Inhalt der meisten Reden bekommt man auf eine einzige Seite. Es geht um mehr bei der Rede: Es geht darum, einen Mitmenschen zu erleben, der – ganz im Wortsinne! – für das Gesagte „steht" und „einsteht". Dies hat der Philosoph Friedrich Nietzsche in dem wunderschönen Satz zusammengefaßt:

> *Das Verständlichste an der Sprache ist nicht das Wort selber, sondern Ton, Stärke, Modulation, Tempo, mit denen eine Reihe von Worten gesprochen wird – kurz, die Musik hinter den Worten, die Leidenschaft hinter der Musik, die Person hinter der Leidenschaft. Alles das also, was nicht geschrieben werden kann. Deshalb ist es mit der Schriftstellerei nichts.*

Lassen Sie sich davon aber nicht einschüchtern. Sie sind ja kein gelernter Animateur, Schauspieler, geübter Medienstar etc. Vertrauen Sie einfach auf Gott und die Kräfte der Natur: Gehen Sie rauf, tun Sie's Maul auf, und hören Sie bald auf!

Rede ist nicht gleich Rede

Die Ansprache

Es gibt sechs verschiedene Arten von Reden. Bevor Sie eine Rede konzipieren, sollten Sie sich bewußt machen, welcher Typus für Sie zutrifft. – Die Ansprache ist die bekannteste Form einer Rede: Der Bundespräsident hält sie bei der Verleihung des Friedenspreises des Deutschen Buchhandels, der Wirtschaftsminister bei der Eröffnung einer Messe, der Parteivorsitzende auf dem Parteitag, der Präsident der Industrie- und Handelskammer zur Eröffnung einer Messe in seiner Heimatstadt, der Vorstandsvorsitzende vor den Aktionären. Die Rede, die in solchen Fällen gehalten wird, stammt immer von bedeutenden Persönlichkeiten. Deshalb ist sie – ganz oder in Auszügen – in den Medien wiederzufinden, und deshalb ist sie die bekannteste Art der Rede.
Der normale Sterbliche allerdings wird so gut wie nie in die Lage kommen, eine Rede im hier gemeinten Sinne zu halten. Wir Normalbürger eröffnen eben keine Messen. Die Medien führen uns in bezug auf Reden also andauernd etwas vor, das für uns keinen großen Nutzen hat. Dennoch lohnt es sich, den Aufbau einer Ansprache näher zu studieren.

- Die Ansprache ist Teil eines Rituals, zumindest eines festen Programms, und einer der Punkte – meist der Höhepunkt – einer ausführlicheren Tagesordnung.
- Die Ansprache wird von einer Ehren- oder Respektsperson gehalten. Sie wird deshalb nicht unterbrochen, es gibt danach keine Diskussion.

- Die Ansprache bietet dem Redner außerdem die Möglichkeit, allgemeine Ansichten zur Lage der Welt zu formulieren.
- Nebenzweck einer Ansprache ist es also, der eigenen Gefolgschaft die „richtige“ Weltsicht zu vermitteln, zu sagen, wo es langgeht; mitzuteilen, welche Gedanken höher im Kurs stehen und welche Gedanken weniger gute Konjunktur haben. Oft genug werden diese nicht direkt erwähnt, sondern einfach nur totgeschwiegen und weggelassen. Es lohnt sich also, bei Ansprachen nicht nur auf die Worte, sondern auch sehr genau auf das zu achten, was nicht gesagt wird.
- Oft dient die Ansprache einem weiteren Lebenszweck. Sie ist eine Machtdemonstration. Viele Ansprachen sind über weite Strecken überflüssig, aber gerade deshalb eindrucksvoll. So pflegten die Vorsitzenden der KPdSU auf Parteitagen über viele Stunden zu reden. Ihre Reden waren zu einem guten Teil Übungen in Masochismus für ihr „Fußvolk“.
- Im positiven Sinne dient die Ansprache einer Respektsperson als Form der Selbstdarstellung. Ansprachen folgen damit eigenen Gesetzen und sind für den normalen Redner eigentlich nur ein negatives Vorbild: So reden wie der Präsident, der Kanzler, der Vorstandsvorsitzende darf der einfache Mensch nicht, sonst macht er sich lächerlich. (Und einem einfachen Menschen gegenüber wird dies ohne Scheu gezeigt.) Die Verwechslung von Tatsachen und Meinungen steht dem „Großen Redner“ allerdings frei. Er muß in der Regel nichts belegen, sondern drückt noch einmal das aus, was „Common sense“, was also allgemein akzeptiertes Gedanken-, Meinungs- und Wissensgut ist.

Das Referat

Das Referat dient der Vermittlung von Tatsachen. Deshalb muß extrem sorgfältig mit Fakten umgegangen werden. Meinungen sind möglicherweise überhaupt nicht am Platze und auf jeden Fall so klar von den Tatsachen zu trennen, wie in einer seriösen Zeitung die Nachricht vom Kommentar getrennt ist.

Eigentlich ist das Referat eine völlig überflüssige und veraltete Form der Informationsvermittlung. Wir leben heute im Zeitalter von Videos, Overheadprojektoren und Fotokopierern, mit denen man Informationen auf einfache Weise vervielfältigen und vermitteln kann. Eigentlich ist es eine Unverfrorenheit, Informationen auf die „brüchigste" aller Arten weiterzugeben, denn bei der mündlichen Übermittlung gibt es auf Sender- wie auf Empfängerseite viele Störquellen.

Selten auch braucht man bei einem Referat die Zusatzinformation, die die mündliche Rede gibt und die Friedrich Nietzsche im obigen Zitat so treffend benannt hat. Dennoch werden Referate nie ganz aussterben. Sie dienen – und hierin sind sie der Ansprache ähnlich – dazu, daß sich der Vortragende als Mensch und auch von seinem Erscheinungsbild her profilieren kann.

Man bekommt also immer einen Eindruck nicht nur von dem, *was gesagt wird,* sondern auch von dem, *wer etwas sagt*, und das kann ebenfalls wichtig sein. So hat der Verfasser einmal ein Referat – ein angeblich rein wissenschaftliches – des Drogen-Propheten Timothy Leary gehört. Es handelte sich um eine Aneinanderreihung von Fakten, die als reiner Text vielleicht hätten ernst genommen werden können, hätte man nicht den Vortragenden selbst gesehen:

ein überaktives menschliches Wrack, das seinen Gedankenfluß, seine Motorik und seine Augenbewegungen kaum zu zügeln in der Lage war – eine Tragödie beim Ansehen, aber als Information wichtig. Wer in seinem eigenen Erscheinungsbild dermaßen stark von seiner „Predigt" abweicht, liefert eben doch wichtige Zusatzinformationen.

Bei Referaten sollten alle wichtigen Informationen, die zum Verständnis dessen, was vorgetragen wird, nötig sind, schriftlich zur Verfügung gestellt werden. Die Zuhörer werden damit von der reinen Faktenaufnahme entbunden. Sie müssen nicht – wie die an Universitäten von eitlen Professoren immer noch zu Schreiberlingen degradierten Studenten – mit gebeugtem Kopfe lauschen und mitschreiben, sondern können sich bereits während des Referats auf die Verarbeitung der Information konzentrieren.

Da solche Faktenzusammenfassungen vermutlich das einzige sind, was Menschen von einem Referat neben einem Persönlichkeitseindruck vom Referenten wirklich mit nach Hause nehmen, gibt es hier positive wie negative Möglichkeiten der Manipulation. Unliebsame Fakten, die gleichwohl genannt werden müssen, können aus der schriftlichen Zusammenfassung fernbleiben. Genauso können Akzente in einer dem Informierenden genehmen Weise gesetzt werden. Mit diesen Hinweisen soll nicht zur Manipulation aufgefordert werden – sehr wohl aber dazu, darauf zu achten, wo manipuliert wird.

Zusammengefaßt kann man sagen, daß das Referat in seiner Struktur den Erfordernissen des Themengegenstandes entspricht. Als mündliche Informationsübermittlung sollte es weder verschachtelte Sätze noch verschachtelte Gedanken enthalten. Zuhören können wir nur „linear": eins nach dem anderen. Unsere Aufmerksamkeitsspanne als Zuhörer beträgt nur wenige Sekunden. Deshalb ist es wichtig, zu Anfang des Referats eine Gliederung auszuteilen, die jeder Zuhörer vor sich haben sollte. Sich konsequent an die Gliederung zu halten und immer wieder anzugeben, an welchem Punkt der Gliederung man angelangt ist, ist dann ein Gebot sowohl der Höflichkeit als auch der Effizienz.

Eine besondere Unsitte ist es, einen Text schriftlich zu formulieren und sich dabei über den Unterschied zwischen gelesenem und gehörtem Text und unsere unterschiedlichen Fähigkeiten, beide Arten der Information aufzunehmen, hinwegzusetzen sowie komplizierte Gedanken mit schwerverständlichen Worten in komplexen Satzstrukturen monoton herunterzulesen. (Lesen Sie diesen Satz einmal jemandem vor!)

Allein schon das Lesen verleitet zu einer Geschwindigkeit, die dem Zuhören abträglich ist. So schafft ein geübter Tagesschausprecher wie Werner Veigel maximal etwa dreißig Zeilen à sechzig Anschläge pro Minute. Ein Text, der in einer Minute von einem normal begabten Redner frei gesprochen wird (und frei heißt: so, daß der Zuhörer auch eine Chance hat, mitzubekommen, was gesagt wird), besteht maximal aus zehn bis zwölf solcher Zeilen und vielen Pausen.

Hier haben Sie ein gutes Maß für die Länge Ihrer Rede. Gehen Sie lieber von acht Zeilen pro Minute aus, das heißt: alle sieben bis acht Sekunden eine Zeile. (Etwa sechzig Anschläge ergibt eine mit der Schreibmaschine geschriebene Zeile auf einer DIN-A4-Seite oder eine Zeile in diesem Buch.)

Wenn Sie die DIN-A4-Seite engzeilig beschreiben, bringen Sie eine Rede von der Dauer einer Viertelstunde auf der Vorder- und Rückseite unter! Und eine solche Redelänge ist meist schon mehr, als man Menschen zumuten sollte.

Den Grund werden Sie verstehen, wenn Sie folgendes nachvollziehen: Hören Sie sich einmal die Nachrichten in der Tagesschau an und versuchen Sie wiederzugeben, was Werner Veigel Ihnen mit seiner präzisen, schönen, klaren und verständlichen Stimme gesagt hat. Sie werden erstaunt sein, wie wenig von diesem hochprofessionellen Vortrag hängenbleibt. Das liegt auch daran, daß der Vortrag so professionell ist. Man sieht – dies als letztes zum Thema „Referat" –, daß mit einem brillanten Vortrag (und bei der Tagesschau gibt es ja Bilder, Grafiken und Videos als Unterstützung des Gesagten) auch Desinformation erreicht werden kann. Alle Menschen gehen zwar aus der „Veranstaltung" mit dem Gefühl heraus, wirklich informiert worden zu sein, doch hält dieses Gefühl keiner wirklichen Überprüfung stand.
Geübte Kommunikatoren wissen dies natürlich zu nutzen. Der ganze Aufwand mit Schaubildern, Grafiken u. a. dient deshalb zumeist dazu, die Menschen mit Information so vollzustopfen, daß letztlich eine Informations-„Verstopfung" mit allen möglichen Arten von Verdauungsbeschwerden übrigbleibt. Und damit ist dann das Ziel erreicht: sehr viel sagen, sich nichts nachweisen lassen, aber eben doch nicht alles mitteilen.

Die Laudatio

Sie ist ebenfalls eine Art „Ansprache". Auch zu einer Laudatio wird der normale Sterbliche selten aufgefordert. Gelegenheiten ergeben sich aber, wenn ein Kollege in den Ruhestand verabschiedet wird, wenn ein Mensch geehrt werden soll, bei einem großen Jubiläum etc. Eine Laudatio ist eine

öffentliche Rede vor vielen Menschen, die eigentlich aber nur für einen einzigen Menschen gehalten wird. Sprechen Sie den zu Ehrenden also direkt an.
Besonders wichtig ist der absolut einwandfreie Umgang mit biographischen Angaben über die Person und mit anderem Dokumentationsmaterial. Nichts ist schlimmer, als das Geburtsdatum eines Geehrten oder den Mädchennamen einer Geehrten nicht richtig nennen zu können. Wer eine solche Fahrlässigkeit begeht, kann sich seine anderen goldenen Worte eigentlich schenken.
Wahrheitstreue bringt manchmal Probleme mit sich. Im Leben der meisten zu Ehrenden wären sehr viele wahre Begebenheiten aufzulisten oder herauszufinden, die „des Sängers Höflichkeit" lieber verschweigen sollte. In einer Laudatio sollten diese Punkte der Ehrlichkeit halber nicht völlig unter den Tisch fallen. Ansonsten würden die Zuhörer die ganze Rede als getürkte Augenwischerei ansehen und dem zu Ehrenden wie auch dem Redner den Respekt versagen. Man helfe sich mit Formulierungen wie: „Unser verehrter Kollege ... ist immer auch kontrovers gewesen. Und so mancher hier kann es sich zur Ehre anrechnen, die ‚harte' Prüfung einer Debatte mit ihm bestanden, manchmal gewonnen und manchmal verloren zu haben." Ist man zu einer solchen diplomatischen „Notlüge" nicht in der Lage, sollte man es ablehnen, eine Laudatio zu halten.
Kann man eine Laudatio nicht ablehnen (weil man der Chef ist und sich nicht darum drücken kann, einen Mitarbeiter zum 25jährigen Dienstjubiläum zu beglückwünschen), so empfiehlt sich eine sehr sorgfältige Ausarbeitung der Rede – bis hinein in einzelne Formulierungen. Ansonsten kann die bei jeder Rede vorhandene innere Aufregung dazu führen, daß einem die Ehrlichkeit einen Streich spielt. Der große

Psychologe Sigmund Freud sprach hier von Fehlleistungen und berichtete von der Rede eines Vorstandsmitglieds, das eine Riesenschweinerei in der Firma entdeckt hatte, die es sich gleichwohl nicht beim Namen zu nennen traute. Statt dessen wollte es sich mit der Formel „sehr interessante Dinge sind bei meinen Untersuchungen zum Vorschein gekommen“ behelfen. Es rutschte ihm dann aber doch die Formulierung heraus, daß etwas zum „Vorschwein“ gekommen sei.

Eine Laudatio sollte Leistungen des Geehrten klar und eindeutig herausheben. Jede Übertreibung ist genauso zu unterlassen wie jede Polemik. Wenn jemand sein Lebtag lang „nur“ treu seine Pflicht erfüllt hat, dann ist dies vielleicht keine Leistung, die Schlagzeilen macht, sehr wohl aber eine Leistung, die Schlagzeilen machen sollte. Denn wer kann so etwas ehrlichen Herzens von sich behaupten?

Eine Laudatio sollte frei sein von religiösen, politischen oder anderen Wertvorstellungen – es sei denn, der zu Ehrende würde sich durch solche Weglassungen verunglimpft fühlen. Geht es um Politiker, muß dieser Bereich natürlich angesprochen werden. Und selbstverständlich können politische Gegner – wie etwa Rainer Barzel und Egon Bahr – sich gegenseitig Respekt zollen und eine Lobrede auf den jeweils anderen halten, ohne dabei die eigenen politischen Meinungsunterschiede und Standorte unter den Teppich zu kehren. Im Gegenteil: Das macht sogar den Reiz einer solchen Laudatio aus. Meist ist es schwerer, aber zugleich befriedigender, den Gegner zu loben als den Freund.

Die Sachinformation

Hierbei handelt es sich um ein Kurzreferat, und alles, was zum Thema Referat gesagt worden ist, trifft auch hier zu. Der einzige Unterschied ist folgender: Zumeist beschränkt man sich bei der Sachinformation auf einfache Gegebenheiten, die vom Publikum in einen größeren und als bekannt vorauszusetzenden Zusammenhang eingeordnet werden.
Meister der Sachinformation sind (oder sollten sein) die Pressesprecher oder Regierungssprecher. Oberster Maßstab einer Sachinformation sind die Wahrheit und die Klarheit der Rede. Wer an dieser Stelle bei einer Fehlleistung ertappt wird, wird seine Glaubwürdigkeit verlieren. Und Glaubwürdigkeit ist das größte, ja eigentlich einzige Kapital eines Sachredners.
Dasselbe gilt natürlich auch für den Wissenschaftsbereich. Selbstverständlich können in eine Sachdarstellung auch Wertungen eingehen – eben auf jenem Wege, den Friedrich Nietzsche (s. S. 24) gewiesen hat. Eine unliebsame Information kann man bewußt schnell und undeutlich herunterleiern, andere Fakten dagegen akzentuieren. Allerdings darf man sich bei solchen Manipulationen nicht erwischen lassen.

Die private Rede

Vermutlich kommt es am häufigsten vor, daß eine private Rede, eine Begrüßungs- oder Tischrede, gehalten werden darf (oder muß).
Eine persönliche Rede mißlingt immer dann, wenn man sich am „Großen Vorsitzenden“ und seinen Ansprachen

orientiert. Die persönliche Rede dient also nicht der Selbstdarstellung – im Gegenteil. Sie hat Anklänge an die Laudatio, wenn es um eine persönliche Ehrung geht (Rede für einen Konfirmanden oder zur Silberhochzeit). Die persönliche Rede soll aber in besonderer Weise ein Gemeinschaftsgefühl aller Anwesenden ausdrücken oder überhaupt erst schaffen. Der Begrüßungs- oder Tischredner wird so zum selbsternannten Sprecher für die vielen anderen – eine Belastung, der die meisten Menschen ausweichen. Sie weigern sich, eine Rede zu halten.
Eine gute persönliche Rede ist immer diejenige, bei der ganz bewußt auf persönliche Eigenheiten hingewiesen wird. Folgendes Beispiel mag dies verdeutlichen:

> *Liebe Gäste, seid mir nicht böse, daß ich etwas von der allgemeinen Zeit für mich beanspruche, um der Hausfrau ein paar Worte zu sagen: Für uns alle ist es eine besondere Freude, hier zu sein. Ich kann aber nicht verschweigen, daß mich diese Einladung an eine Begebenheit erinnert, die sich vor – laßt mich mal überlegen – genau siebzehn Jahren zugetragen hat …*

Durch das Teilhabenlassen an einer Information, die

- bisher noch nicht bekannt war,
- einen liebenswerten Charakter hat,
- durchaus aber auch ein bißchen „Pfeffer" enthalten kann (wie bei Erinnerungen an alte Amouren),

kann eine fröhliche Stimmung erzeugt werden. Das trägt auch dazu bei, unpersönliche Unterhaltungen abzubauen. Man kann also völlig in der Ich-Form und dennoch in diesem Sinne für die Gemeinschaft sprechen.

Wenn Sie dazu auserkoren sind, eine persönliche Rede zu halten, so sollten Sie sich mit einigen bei der Rede Anwesenden vorab zusammensetzen und einfach ein paar Fakten sammeln. Solche Fakten über Dritte vorzutragen fällt uns leichter – und zwar aus demselben Grund, aus dem wir auch ansonsten leichter über Dritte sowie ihre Motive und Gefühle sprechen können als über unsere eigenen Gefühle und Motive. Es muß ja nicht in bösartiger Form über Dritte gesprochen werden.

Die persönliche Rede soll nichts weiter als gute Laune verbreiten. Gute Laune entsteht nicht dadurch, daß einer (der oder die Vortragende) selbstgefällig in eigenen Formulierungskünsten schwelgt, sondern daß sie oder er anderen Menschen ein gutes Gefühl vermittelt und den Freiraum herstellt, in dem dieses „gute Gefühl" auch ausgedrückt wird. Am einfachsten geht dies durch ein Lachen. Es lohnt sich also, eine Fülle von Anekdoten, Scherzen und anderen fröhlichen Fakten zu sammeln und parat zu haben. Witzige Formulierungen sollte man nicht zwanghaft suchen, wenn sie einem nicht natürlich zufliegen. Wer seine Rede aufpolieren möchte, kaufe im nächstbesten Kaufhaus irgendeine Aphorismen- oder Sprichwörtersammlung (z. B. die zehnbändige Taschenbuch-Reihe „Weisheiten der Welt" oder das 7000 Zitate umfassende „Buch der Weisheiten", beide erschienen im Moewig-Verlag). Meist findet sich unter den Zitaten von Dichtern und Denkern aus aller Welt etwas Passendes.

Auch die persönliche Rede sollte klar auf einen Punkt zusteuern, der wiederum am Anfang genannt worden ist. „Bevor wir uns nun also dem wunderschön gedeckten Tisch und den zu erwartenden Genüssen zuwenden, möchte ich doch noch – und sicher im Namen aller Anwesenden –

den Dank dafür aussprechen, daß wir überhaupt hierherkommen durften ...“ Mit solch einem Satz ist vieles gesagt:

- Alle Anwesenden sind angesprochen.
- Ihre momentane Befindlichkeit („Wir sitzen hier vor dem Essen, und es soll endlich losgehen“) ist „eingefangen“ worden.
- Die Unterbrechung geschieht auf liebenswürdige Weise und wird deshalb als angenehm empfunden. Die Rede, auch wenn holprig vorgetragen, wirkt nicht störend, weil man erfährt, daß sie nicht lange dauern wird.

Ja, eine schlechte Rede kann sogar besser sein als überhaupt keine, denn eine Rede gehört bei vielen Anlässen eben dazu. Und bei vielen Menschen bleibt ein negatives Gefühl zurück, wenn es überhaupt keine „Ansprache“ gegeben hat.

Die politische Rede

Gemeint ist hier Politik in einem sehr weiten Sinn, nämlich als kontroverser Redebeitrag, wie er nicht nur in den Parlamenten von den Parteien, sondern z. B. auch in Betrieben von Arbeitnehmer- und Arbeitgeberseite gehalten wird.
Es gibt dabei zwei sehr unterschiedliche Einstellungen, die durch zwei kurze Zitate beleuchtet werden sollen. So sagt Frank Ullmann – Rhetorik-Trainer aus Düsseldorf – in dem Buch *111 Tips für erfolgreiche Redner*: „Das Wort ist die einzige ‚Waffe‘, mit der heute noch umgegangen werden sollte, um sich durchzusetzen.“
Gut die Hälfte seiner 111 Redetips besteht dann in Ratschlägen für einen kämpferischen, anderen Menschen die eigene

Meinung aufdrückenden Umgang mit dem Wort. Diese Art von Rhetorik verkauft sich leicht, denn sie suggeriert die „Macht des Wortes" und macht glauben, daß eine richtige Anwendung von bestimmten Phrasen, Formulierungen oder Gedankenstanzformen andere Menschen von etwas überzeugt, das sie bei längerem Nachdenken anders gesehen hätten.
Natürlich ist die Anwendungsmöglichkeit einer solchen „kämpferischen" Rede eng begrenzt. Am ehesten gilt sie für Vertreter, die nach Hausiererart von Tür zu Tür gehen, aber schon nicht mehr für jenen Vertreter, der einen Kunden mehrfach besuchen muß. Jemanden über den Tisch zu ziehen ist keine Verhaltensweise, die man anstreben sollte.
Deshalb ist zu Recht auch die zweite Meinung zu schätzen, die von dem Gewerkschafter Wolfgang Fricke formuliert wurde, der einen Leitfaden *Frei reden* für Arbeitnehmer veröffentlicht hat. Als ob er Ullmanns Passage kenne, sagt Fricke: „Rhetorik, Reden können, wird als eine Art Waffe angesehen."
Und er weist darauf hin, daß es eine „blindmachende Rhetorik" gibt. Sie vernebelt, statt zu erleuchten, und setzt in aller Regel an Vorurteilen an („die" Jugend, „die" Türken, „die" Vorbestraften), „... wer das tut, der hat auch das genaue Gegenteil von dem getan, was ein guter Redner tun sollte. Er regt nicht zum Denken an, z. B. zum Nachdenken über die Gründe, die zu einem Vorurteil geführt haben, und ob diese Gründe stichhaltig sind, sondern knüpft da an, wo er glaubt, daß die Zuhörer ihm recht geben, ohne Nachdenken, ohne vernünftige Begründungen zu verlangen. Und die schrecklichsten Beispiele dieser Art von blindmachender Rhetorik finden wir in den Reden der Nazizeit. Und in diesem, und *nur* in diesem Sinne, gab es unter den Nazis ‚blendende' Rhetoriker!"

Diese Überlegungen führen zu folgenden Regeln:

- Auch politische Reden sollten von besonderer Ehrlichkeit sein, nicht manipulieren und nicht durch das Aufgreifen von Vorurteilen geprägt sein. Dies gilt insbesondere dann, wenn man nicht einen einmaligen Erfolg sucht, sondern auf Dauer Vertrauen erringen will.
- Die politische Rede will mehr erreichen als die Weitergabe von Information. Sie möchte Menschen zu einem bestimmten Verhalten oder zu Verhaltensänderungen bewegen. Wer eine politische Rede hält, etwa vor einer Betriebsversammlung, sollte deshalb alle ihm zur Verfügung stehende Klarheit darauf verwenden, das Ziel seiner Rede genau zu formulieren.
- Dieses Ziel sollte ehrlich formuliert werden. Um sich nicht zu verhaspeln (siehe das Beispiel von Sigmund Freud über Fehlleistungen auf S. 34), sollte der Redner sich darüber klarwerden, ob er einen „Wolf im Schafspelz" verkaufen will. So kann es „taktisch" richtig erscheinen, ständig die eigene Gesprächsbereitschaft zu betonen, dabei aber Bedingungen zu setzen, die es der Gegenseite unmöglich machen, tatsächlich an den Verhandlungstisch zu gehen. Im Sinne langfristiger Glaubwürdigkeit ist es allerdings besser, die umgekehrte Argumentationsstrategie zu wählen und ganz klar zu sagen, was man meint: „Ich rede nicht mit der Gegenseite, wenn nicht die folgenden Bedingungen erfüllt worden sind".
- Ist ein solches Ziel einmal klar ausgegeben, dient die gesamte Rede dazu, Argumente vorzutragen, die dieses Ziel als logische Schlußfolgerung erscheinen lassen. Das Ziel kann entweder in einer klaren Aussage oder aber als Frage benannt werden, wie folgendes Beispiel zeigt:

„Wir sehen uns als Arbeitgeber nicht in der Lage, eine Lohnforderung von 10,5 Prozent zu erfüllen. Solange dies nicht vom Tisch ist, sondern sogar ultimativ vorgetragen wird, lohnt sich ein Gespräch nicht." Oder aber: „Wir müssen uns alle aus Verantwortung für unser Unternehmen und für die gesamte Volkswirtschaft fragen, was passiert, wenn die Löhne und Gehälter um 10,5 Prozent erhöht werden."

Der eigentliche Sinn der Rede, nämlich zu verkünden, daß man nicht zu einem Gespräch bereit sei, steht dann natürlich nicht am Anfang, sondern am Ende dieser Rede eines Arbeitgebers (entsprechende Beispiele sind für die Arbeitnehmerseite ebenso möglich).

So „bauen“ Sie Ihre Rede

Vorbereitung ist das A und O

Egal, was Sie selbst glauben, egal, wie locker öffentlich gesprochene Worte klingen, egal, wie improvisiert sie erscheinen – wenn sie gut sind, wenn sie „sitzen“, sind sie zumeist die Folge intensiver Vorbereitung. Oft genug sind mehrere Personen an der Vorbereitung beteiligt.
Rudi Carrell, der so leicht dahinplaudernde Showmaster, hat letztendlich fünfzig Leute, die ihm zuarbeiten; bei anderen Showstars werden es nicht sehr viel weniger sein.
Einer der großen Redner der deutschen Nachkriegszeit, der verstorbene Baron zu Guttenberg, hat seine erste Rede im Bundestag nicht nur schriftlich ausgearbeitet, sondern ist sie Punkt für Punkt und Komma für Komma auf irgendwelche Schwachstellen durchgegangen, hat sich alle Zwischenrufe notiert, die der politische Gegner einwerfen könnte, und auch, was er auf die jeweiligen Zwischenrufe antworten könnte. Zudem war er ein guter Vortragskünstler. Diesen Fleiß und Schweiß, den die Vorbereitungen gekostet haben, hat man nicht gemerkt, während er sprach. Das lag daran, daß er aus der Sicherheit der guten Vorbereitung heraus sprechen konnte.
Lassen Sie sich nicht täuschen und nicht blenden. Folgen Sie den Worten der Profis. In den sogenannten Life-Shows im Fernsehen z. B. wird so gut wie jedes Wort, das zwei Unterhaltungskünstler sich sagen, vorher im Text festgelegt, einstudiert, geprobt und dann wie in einem Theaterstück vorgetragen.

Nichts ist schwieriger, als einen Schnappschuß zu machen, das weiß jeder Fotograf. Die Sängerin Dolly Parton hat einmal sehr schön gesagt: „Die Menschen wissen gar nicht, wie teuer es ist, billig auszusehen." Und entsprechend darf man sagen: Man täuscht sich darüber, wieviel Vorbereitung notwendig ist, um eine freie, improvisiert wirkende Rede zu halten.

Nun gibt es unzweifelhaft Menschen, die frei sprechen können – aus dem Stegreif heraus –, die druckreif formulieren und Sinnvolles sagen. Aber auch diese Menschen haben sich vorbereitet, oft ein Leben lang! Sie schöpfen aus ihrem erworbenen und gesicherten Wissen. Sie bedienen sich aus ihrem Sprachschatz, den sie ein Leben lang gepflegt haben (ein gut improvisierender Redner wird auch immer jemand sein, der ansonsten nicht gerade still in der Ecke sitzt, sondern der seine Gabe zu reden übt und in Übung hält).

Und selbst solche Menschen machen sich Gedanken, bevor sie eine Rede halten.

Eine Rede vorzubereiten braucht Zeit. Zeit ist kostbarer als Geld, also investieren Sie ruhig ein paar Mark in Ihre Rede. Das heißt konkret: Kaufen Sie sich Karteikarten – und zwar in der Größe einer Postkarte –, die fast blank sind und nur oben eine Linie von links nach rechts haben. Gut wäre es, wenn sie zugleich eine senkrechte Linie hätten. Wenn nicht, sollten Sie diese selbst ziehen. Oder kopieren Sie sich die ab Seite 46 folgenden und bereits richtig beschrifteten Karten. Links neben dem senkrechten Strich auf der Karteikarte stehen Stichworte, und zwar die Hauptstichworte. Rechts neben dem Strich stehen Nebenstichworte, der senkrechte Strich dient also einer wichtigen Unterscheidung.

Stoffsammlung

Gliedern Sie – ganz spontan – Ihre geplante Rede in fünf Hauptstichpunkte. Dies ist eine vorläufige Gliederung, Sie können sie jederzeit wieder umändern. Wichtig aber ist: Notieren Sie jede Idee und jeden Fakt Ihrer Rede auf einer Karte unter dem (jedenfalls vorläufig richtig erscheinenden) Stichwort.
Haben Sie keine Angst vor Fehlern. Wenn Sie genügend Karteikarten besitzen oder sich von den hier im Buch mitgegebenen Kopiervorlagen genug Kopien gemacht haben, dürfen Sie ruhig einige „verschwenden".
Natürlich sind die ersten Gedankenansätze für Ihre Rede, die Sie in dieser Form notieren, nicht verschwendet, denn Sie können mit ihnen den Aufbau Ihrer Rede immer wieder überprüfen. Das gelingt aufgrund von Stichworten, die Ihnen wichtig sind, deren Zuordnung unter ein bestimmtes Hauptstichwort aber zweifelhaft ist. Wenn ein wichtiges Stichwort keinen wichtigen Platz erhält, stimmt am Aufbau der Rede etwas nicht. Und Sie können dann entsprechende Änderungen vornehmen.
(Bitte lesen Sie weiter auf Seite 57; es folgen jetzt zehn Karteikarten, auf denen Sie eine Rede vorbereiten können).

Karteikarten zur Vorbereitung einer Rede

Ziel: Ordnung in die Vorbereitung einer Rede zu bekommen – und zwar gleich von Anfang an. **Bedenken Sie**: Wenn Sie zu jedem Hauptstichwort acht Nebenstichworte formulieren, reichen diese Stichworte für mindestens acht Minuten Redezeit!

Rede zum Thema: ____________________

Anrede-Möglichkeiten

01

1.

2.

3.

4.

5.

6.

7.

8.

9.

10.

Rede zum Thema: ______________________ 02

Warmrede-Phase und Gliederungskarte

1.
2.
3.
4.
5.
6.
7.
8.
9.
10.

Rede zum Thema: ______________________ 03

Die ersten zehn Sätze

1.
2.
3.
4.
5.
6.
7.
8.
9.
10.

Rede zum Thema: ______________________________ 04

Hauptpunkt 1	
	1.
	2.
	3.
	4.
	5.
	6.
	7.
	8.
	9.
	10.

Rede zum Thema: ______________________	05
Hauptpunkt 2	1. 2. 3. 4. 5. 6. 7. 8. 9. 10.

Rede zum Thema: ______________________________ 06

Hauptpunkt 3

1.
2.
3.
4.
5.
6.
7.
8.
9.
10.

Rede zum Thema: ______________________ 07

Hauptpunkt 4

1.
2.
3.
4.
5.
6.
7.
8.
9.
10.

Rede zum Thema: ______________________________ 08

Hauptpunkt 5	
	1.
	2.
	3.
	4.
	5.
	6.
	7.
	8.
	9.
	10.

Rede zum Thema: ____________________ 09

Humorkarte

1.

2.

3.

4.

5.

6.

7.

8.

9.

10.

Rede zum Thema: ______________________ 10

Abschlußkarte

1.
2.
3.
4.
5.
6.
7.
8.
9.
10.

Die Karteikarten sollen letztlich Ihr Manuskript für die Rede sein. Beobachten Sie mal einzelne Moderatoren im Fernsehen, die immer kleine Kärtchen in der Hand haben. Sie genieren sich, weil sie nicht frei sprechen können, deshalb wollen sie nicht wirklich zeigen, daß sie ablesen, aber sie lesen ihre Texte genauso ab wie die „frei" sprechenden Fernsehmoderatoren, die bekanntermaßen ihre Texte von sogenannten Cue Cards ablesen.

Humorkarte

Machen Sie sich eine Vorbereitungskarte für scherzhafte Bemerkungen. Immer wenn man sich mit einem Thema intensiv beschäftigt und ein bißchen lockerer wird, weil man sich in der Thematik sicherer fühlt, stellen sich fröhliche Formulierungen ein, die Sie in Ihre Rede einbauen können. Einige werden Ihnen während des Sprechens zufliegen, andere können Sie gezielt einbauen. Machen Sie dies aber als letztes, wenn Sie kein ganz geübter Redner sind. Sie können ja sogar Ihre Rede unterbrechen, vom Manuskript abweichen und Ihrem Publikum einfach sagen: „Während ich über die Rede nachgedacht habe, ist mir immer wieder etwas durch den Kopf gegangen, was ich Ihnen nicht vorenthalten will, ein Witz nämlich ..."

Redeziel formulieren

Schreiben Sie einen einzigen Gedanken auf, auf den die gesamte Rede hinausläuft.
Legen Sie dann alle Stichwortkarten auf einem Tisch aus, und überprüfen Sie, ob alles, was Sie vorbereitet haben, im Dienste dieses wichtigsten Gedankens steht.

Zielgruppe analysieren

Vor wem spreche ich? – Schreiben Sie sich die Namen auf, wenn Sie vor wenigen Menschen reden (etwa bei einem Vortrag in einer wichtigen Sitzung). Schreiben Sie dazu die wichtigsten Überlegungen, Vorlieben, Interessen Ihres Publikums zu dem Thema Ihrer Rede; notieren Sie auch, wer Ihre Meinung teilen wird und wer nicht. Machen Sie sich auch klar, ob die Menschen, vor denen Sie reden werden, Ihnen sympathisch oder unsympathisch sind. Je nachdem, um was es sich handelt, gibt es sicher noch weitere sachdienliche Hinweise bezüglich Ihrer Zielgruppe. Dabei sollen nicht nur negative Gesichtspunkte berücksichtigt werden. Man kann es auch positiv wenden. Bei Tischreden etwa überlegt man sich vorher, mit welchen Gedanken und Interessen die einzelnen Menschen, die am Tisch mit sitzen werden, hierherkommen. Daraus ergeben sich beinahe zwangsläufig gute Anknüpfungspunkte für Anekdoten und Bemerkungen, die Ihnen das Publikum in jedem Fall danken wird. Die Zielgruppe einer Rede genau zu kennen ist deshalb so wichtig, weil man nur selten eine egozentrische Rede, die allein der Selbstdarstellung dient, halten darf. Zumeist ist eine Rede erfolgreich, wenn sie auf möglichst breiter Basis das zusammenfaßt, was jeder schon einmal gesagt haben wollte.

Die Zielgruppe Ihrer Rede

Ziel: Die besten Reden werden gehalten, wenn die Zuhörer das Gefühl haben: So wollte ich es schon lange einmal ausgedrückt wissen. Um in diesem Sinne zu formulieren, was ablesbar ist, wenn man „dem Volk aufs Maul schaut", müssen Sie die Adressaten Ihrer Rede gut kennen.

Welche Personen (Gruppen) sind bei meiner Rede da?	
Ich mag sie: Ja/Nein	
Sie mögen mich: Ja/Nein	
Wessen Position artikuliere ich?	

Stichworte zu diese- Position: Themengebiet	
Stichworte zu dieser Position: inhaltliche Ausformulierung	
Wessen Opposition handle ich mir ein?	
Stichworte zu dieser Position: inhaltliche Ausformu ierung	

Äußere Rahmenbedingungen abklären

Notieren Sie sich sehr genau (mit Uhrzeit), wie die Veranstaltung abläuft, auf der Sie Ihre Rede halten. Dies sollten Sie nicht nur bei offiziellen Anlässen tun (wo meistens – wenn es eine Rede gibt – auch eine Tagesordnung existiert), sondern auch und gerade, wenn Sie bei privaten Anlässen (Begrüßungsrede, Tischrede) sprechen wollen.
Die beste Rede zum falschen Zeitpunkt nützt nämlich sehr viel weniger als eine nicht so gute Rede zum richtigen Zeitpunkt. Sprechen Sie sich vielleicht vorher mit anderen Teilnehmern der Veranstaltung ab. Sagen Sie ihnen: „Dann und dann genau möchte ich reden. Ich gebe dir ein Zeichen, oder gib du mir ein Zeichen. Und hilf mir dann bitte, für Ruhe zu sorgen, denn ich bin vermutlich viel zu aufgeregt ..."
Es ist wichtig, die äußeren Rahmenbedingungen zu kennen. Um vor unliebsamen Störfaktoren geschützt zu sein, müssen Sie vorab folgende Fragen klären:

- Wie ist der Veranstaltungsort beschaffen?
- Gibt es ein Mikrofon?
- Braucht man ein Mikrofon?
- Wird im Sitzen geredet? (Das ist meist schwieriger, weil man seine Energie und Aufregung nicht in Gestik ableiten kann.)
- Wird im Stehen gesprochen, hinter einem Pult? (Daran kann man sich festhalten; gibt es kein Pult, braucht man einen Platz, an dem man ohne Komplikationen in die eigenen Notizen sehen kann.)

- Sind Vorkehrungen für Diaprojektionen etc. getroffen?
- Ist jemand da, der Dias, Folien etc. vorführt?

Vor der Rede sollten Sie sich auch vergewissern, daß Sie alle Unterlagen beisammen haben. Sie brauchen:

- eine schriftlich ausgefeilte Zusammenfassung der Rede,
- eine schriftlich ausgefeilte Redegliederung (siehe nächsten Abschnitt),
- genügend Kopien davon,
- eventuell Dias, Overheadfolien etc.

Gliederung der Rede mitteilen

Gerade wenn Sie länger als drei Minuten sprechen, sollten Sie Ihrem Publikum bei jeder Art von Sachvortrag eine Handreichung geben: die Gliederung Ihrer Rede. Sie sollte folgende Punkte enthalten:

- Thema der Rede,
- Zusammenfassung der Ergebnisse,
- die wichtigsten Stichworte zu Unterkapiteln der Rede,
- zusammenfassender Ausblick.

Es ist hilfreich im doppelten Sinne, wenn Sie diese Gliederung zumindest am Beginn Ihrer Rede, nachdem Sie „Sehr geehrte Damen und Herren“ gesagt haben, kurz mitteilen. Das gibt Ihnen die Möglichkeit, vor Beginn der eigentlichen Rede ein paar verbindliche Worte zu sagen. Sie können dabei Ihre Stimme schulen – es geht ja noch um nichts, sondern nur darum, mitzuteilen, was das Publikum in den nächsten

Minuten von Ihnen erwarten kann. Dieses Vorgehen ist für alle ungeübten Redner der genialste Einstieg. Und die wirklich guten Redner werden Sie oft dabei beobachten können, wie sie genau diese Information über die Rede voranstellen, bevor sie mit der Rede selbst anfangen. Denn auch die Profis reden sich gerne erst „warm".

Pausen einplanen

Nichts ist schlimmer, als ein unaufhörliches und möglicherweise noch monotones Gebrabbel zu hören. Machen Sie sich auf Ihrem endgültigen Redemanuskript einfach Stichworte für Pausen. Schreiben Sie mit dickem rotem Filzstift hin: „Pause". Wer unter „Strom" steht, der erlebt die Welt wie in der Zeitlupe. Eine Sekunde wird einem wie zehn Sekunden erscheinen, zehn Sekunden wie eine Minute – lassen Sie sich davon nicht täuschen. Sie sind aktiviert, die Informationsverarbeitungsprozesse in Ihrem Gehirn laufen sehr viel schneller als gewöhnlich, in einer Zeiteinheit bewältigen Sie deshalb sehr viel mehr geistige Vorgänge. Sie sehen mehr Bilder, haben leider auch eine größere Aufmerksamkeit für Störungen ... All dieses wird Ihnen das Gefühl geben, daß die kleinste Schweigesekunde einer riesengroßen Peinlichkeit gleichkommt.
Es ist so nicht, achten Sie selbst einmal darauf, wenn Sie Reden hören. Lassen Sie sich von anderen Menschen überzeugen, wie wichtig die Pausen sind, wenn Sie sich selbst davon nicht überzeugen können.

Hauptpunkte und Unterpunkte

Wenn Sie eine sehr umfangreiche Rede halten, bei der Sie mit einer einzigen Karteikarte für die Aufzählung des Stoffes zu jedem Unterpunkt nicht auskommen, machen Sie sich am besten für jeden unter dem Stichwort „Gliederung“ genannten Punkt eine „Steuerkarte“, also eine Ordnungskarteikarte. Sie enthalten (groß geschrieben) das jeweilige Hauptstichwort Ihrer Rede. Wenn Sie dann später die Rede halten, merken Sie immer sofort aufgrund der formalen Beschaffenheit Ihrer Ordnungskarten, wann ein neues Unterkapitel kommt.

Für Karteikarten lassen sich solche Ordnungskarten beschaffen oder selbst anlegen. Bereiten Sie davon bitte mindestens zehn vor. Diese Karten sind etwas höher als die normalen Karteikarten. Man kann sie also so beschriften, daß sie einem das Stichwort für die dahinter liegenden kleinen Karten geben.

Legen Sie, wenn Sie einige Karteikarten beschrieben haben – oder sofort, wenn Sie einen Tisch ständig zur Vorbereitung Ihrer Rede zur Verfügung haben –, die großen Karteikarten oben in einer Reihe hin. Legen Sie die kleinen Karteikarten, die die eigentlichen Stichwörter enthalten, darunter. Auch wenn der Tisch Ihnen immer zur Redevorbereitung zur Verfügung steht, räumen Sie ihn ab und zu frei, legen Sie Ihre Karten aus, und prägen Sie sich die Reihenfolge der „Steuerkarten“ ein. Sie werden später bei der Rede erstaunt sein, wie sich die Anordnung der Karten auf der Tischplatte als Ordnungsstruktur eingeprägt hat und wie Sie beim Reden von der optischen Erinnerung geleitet werden.

Dieses eben beschriebene „Bild der Rede“ kann ein hintereinander weggeschriebener Text nicht liefern. Zumeist kom-

men einem die Gedanken ja nicht geordnet. Man schreibt hier ein bißchen, dort ein bißchen, verwirft, verschiebt – all dieses kann man nur mit Karteikarten machen. Da kann man wirklich von Untergliederungspunkt zu Untergliederungspunkt schieben.
Geht das mit einem Computer nicht viel eleganter? Nein. Denn der Computer-Bildschirm ist ein „schwarzes Loch". Texte, die nicht mehr auf dem Bildschirm sind, sind „aus dem Auge" und damit meist auch „aus dem Sinn". Rein technisch kann man natürlich jede Art von Text beliebig hin und her schieben, aber die Ideen, was man alles wie schieben kann, die kommen einem am Bildschirm seltener als an dem „Riesenbildschirm" einer Tischplatte, auf der man seine Textblöcke (Karteikarten) bewegt.

Warum bin ich für die Rede ausgewählt worden?

Warum rede ich überhaupt? – Diese Überlegung sollten Sie immer wieder anstellen, bevor Sie mit dem Schreiben der Rede beginnen. Sie zeigt Ihnen, ob vielleicht andere Menschen an Ihrer Stelle genausogut hätten reden können (ob also jemand beleidigt sein könnte, weil er nicht an Ihrer Stelle steht). Überlegen Sie darüber hinaus, worin Ihre besonderen Qualifikationen für das Thema bestehen, über das Sie sprechen wollen, und fragen Sie sich genauso ehrlich, an welchen Qualifikationen es Ihnen mangelt. Beides sollten Sie dem Publikum mitteilen (besonders wenn es Sie kennt). Dadurch erhöhen Sie Ihre Glaubwürdigkeit und erhalten Sympathie.

Die Einleitung

Gemeint sind die zehn wichtigen Sätze, die am Anfang Ihrer Rede stehen. Sie sollten sie formulieren (um es noch einmal zu wiederholen) in Einklang mit dem Ziel und Zweck Ihrer Rede. Sie sollten die ersten zehn Sätze möglichst sachlich halten. Halten Sie sie zudem frei von allen Scherzen und sonstigen Bemerkungen, die Beifall erzeugen könnten. Dieser Rat ist dem Tip, man solle die Rede möglichst mit einer flotten, fröhlichen, witzigen Bemerkung beginnen, genau entgegengesetzt. Aber wenn der ungeübte Redner etwas sagt, um Beifall zu erheischen, kann er leicht Schiffbruch erleiden. Witz entsteht nämlich am besten aus der Souveränität des Vortrags. Und wer nicht souverän ist, sollte erst einmal – möglichst in einfachen Worten – seinen „Punkt hinüberbringen". Das Allerwichtigste ist nämlich, daß Sie Ihre Information „heil" hinüberbekommen. Und gut informiert zu werden, ist für die Menschen interessanter und wichtiger, als einen guten Witz zu hören.
Sobald Sie Ziel und Zweck Ihrer Rede festgelegt haben, werden Sie überrascht sein, wie Ihnen die Gedanken zu sprudeln beginnen. Wenn Sie ein phantasiebegabter Mensch sind (was bei Reden aber auch eine Gefahr sein kann), sehen Sie sich vor Ihrem „geistigen Auge" plötzlich als der Mensch, der vor einem großen Publikum eine flammende, mitreißende Rede hält. Ihnen fallen wunderschöne erste Sätze ein, die die Menschen fesseln und ihnen ein Staunen abnötigen – notieren Sie alles. Phantasie befreit. Und auch wenn Sie auf diese Gedanken nie mehr zurückkommen, sind sie wertvoll. Sie nähern sich Ihrem Thema: Es ist wichtig, daß Sie sich diese „guten Formulierungen" allesamt aus dem Kopf schreiben, damit Sie im Kopf Platz für weitere

Gedanken haben. Der wichtigste Gedanke allerdings ist, daß Sie die ersten zehn Sätze Ihrer Rede sauber und frühzeitig in einer Weise parat haben, daß Sie sie auswendig und im Schlaf hersagen können.

Die Anrede

Überlegen Sie genau und frühzeitig, wen Sie zu Beginn Ihrer Rede anreden wollen und müssen. Finden Sie rasch eine bestimmte Anredeformel heraus, die natürlich auch die korrekte sein muß (wonach Sie sich zur Not erkundigen sollten). Weichen Sie von ihr nicht mehr ab, wiederholen Sie sie immer wieder, so daß Sie sie sehr bald auswendig können. Mit diesen Worten werden Sie Ihre Rede beginnen, und wenn die wirklich aus dem Effeff kommen, haben Sie die wichtigste Hürde – nämlich plötzlich Ihre Stimme erheben zu müssen, ein Gedanke, der viele Redner in Schrecken bringt –, bereits sauber genommen.

Die „Warmrede"-Phase

Notieren Sie sich auf einer separaten Karteikarte noch einmal alles, was Sie vor Beginn Ihrer eigentlichen Rede an formalen Dingen mitteilen wollen, können oder müssen. Bei größeren Zuhörerschaften sollten sie sich versichern, ob Sie gut verstanden werden. Teilen Sie zudem kurz den Inhalt mit (bei größeren Reden machen Sie sich eine extra Gliederungskarte, die Sie separat legen, um immer darauf sehen zu können). Alles, was Sie an dieser Stelle regeln und klären können, hilft Ihnen, eine Sympathiebrücke zum Publikum zu bauen und Stimme und Sprache einzuüben. Sie reden sich also für die eigentliche Rede warm. Sie werden auch Aufregung spüren – haben Sie keine Angst davor, sondern stellen Sie sich ihr. Sie können z. B. dem Publikum in der Warmredephase sagen: „Ich hoffe, meine Stimme ist gut zu hören." Wenn Sie dann ein „Nein" als Antwort bekommen, können Sie einige „Probeläufe" mit der Lautstärke machen. Das ist allemal besser, als wenn Sie gleich am Anfang Ihrer Rede durch Zwischenrufe („lauter, lauter!") aus dem Konzept gerissen werden und möglicherweise noch einmal neu anfangen müssen. Aber auch wenn Ihnen das geschieht, ist das kein „Beinbruch". Tun Sie dann einfach, was Ihr Publikum von Ihnen möchte. Und Sie werden sehen: Das ist keine Schande, sondern bringt Sympathie. Denn das Publikum spürt: Da ist einer, der redet für uns und nicht für sich.

Die Abschlußkarte

Hier steht Ihre Zusammenfassung der Gedanken, Ihr Ausblick, die Zusatzinformation (Literaturhinweise) zu Ihrer Rede etc. Legen Sie diese Karte griffbereit ganz unten auf den Stapel. Dann wissen Sie: Wenn etwas nicht läuft, habe ich hier das Wichtigste noch einmal für eine Zusammenfassung vorliegen. Sagen Sie dann den Zuhörern einfach: „Ich komme jetzt zum Schluß."

Redeangst

Sie stehen mit Ihrer Redeangst nicht allein da

Glaubt man der Literatur, so gibt es so gut wie keinen begabten Redner, der nicht zu Beginn seiner Karriere oder auch zeitlebens Redeangst gehabt hat. Das ist nicht weiter verwunderlich, denn Redeangst ist ein Kind der Schüchternheit – und etwa achtzig Prozent aller Menschen leiden zumindest zuweilen, wenn nicht ständig, an Schüchternheit (siehe Kapitel „Schüchternheit“).
Allein diese beiden Tatsachen, die ich hier eben aufgezählt habe, sollten Ihnen Mut und Sicherheit geben. Wenn Sie schüchtern sind, wenn Sie Angst haben zu reden, wenn Ihnen das Herz klopft und die Hände feucht werden, wenn Sie allein bei dem Gedanken, öffentlich reden zu müssen, fürchten, daß Sie Ihren Text vergessen, sich verhaspeln oder einfach „ins Blaue hinein“ reden würden – wenn dies alles bei Ihnen so ist, dann sind Sie in allerbester Gesellschaft. Den meisten Menschen geht es genauso. Und deshalb nimmt Ihnen Redeangst auch niemand übel.
In einer Gesellschaft wie der unseren, in der

- der Gebrauch der Ellenbogen geübt wird,
- sozial ausgleichendes Verhalten mißachtet wird,
- über persönliche Schwächen nicht geredet wird,
- jeder am besten so tut, als sei er ein Held,

ist es nicht verwunderlich, daß über Angst, Schwächen und Schüchternheit nicht gesprochen wird. Traurig ist es dennoch, denn jeder Mensch denkt, er stehe mit seinen Ängsten, Bedenken und Beeinträchtigungen alleine da.
Wenn Sie bei Ihrer Rede nur den Mut aufbringen, sich zu Ihren Schwächen zu bekennen (etwa so: „Wenn Sie jetzt glauben, daß ich Lampenfieber habe, dann haben Sie recht“), können Sie ganz sicher sein: Die allermeisten Menschen in der Zuhörerschaft werden Ihnen dafür dankbar sein, werden sich verstanden fühlen, werden Ihnen Sympathie entgegenbringen. Die Energien, die von den anderen Menschen auf Sie zuströmen, werden Sie dann nicht mehr als negativ, sondern als aufbauend empfinden.

Menschen wirken oft sicherer, als sie sind

Ob jemand schüchtern ist und Lampenfieber hat, merkt man meistens nicht. Denn die meisten Menschen haben Tricks gelernt, wie sie eigene Unsicherheit überspielen können. Die meisten Menschen verfügen zudem auch über eine gewisse Redeerfahrung. Nach der ersten Rede (vor der Sie sich so sehr gefürchtet haben) mußten Sie dasselbe feststellen wie der Mensch, der trotz seiner Höhenangst den Eiffelturm bestiegen hat: Eine Rede halten zu dürfen/zu müssen ist eine große Herausforderung, aber nicht das sichere und zum angegebenen Zeitpunkt zu vollstreckende Todesurteil.

Weil Menschen

- ihre Unsicherheit überspielen,
- darüber nicht reden,
- in der Unsicherheit auslösenden Situation meist sehr viel mehr Sicherheit spüren, als sie gedacht haben,

tragen sie dazu bei, den falschen Gedanken zu verbreiten: Nur wenige Menschen sind wirklich unsicher.
Und die, die zu diesen „wenigen" Menschen gehören, denken dann: Ich bin ja wohl der einzige. Alle anderen können es. Redeangst zu bekämpfen ist dabei eigentlich nur eine Mutprobe.
Wenn man andere Menschen bei Mutproben beobachtet, ist man geneigt, sie zu bewundern, statt ihre Angst und Unsicherheit zu erkennen.

Allmachts- und Ohnmachts-Phantasien

Eine Rede zu halten ist eine große Chance, sich selbst zu verwirklichen. Gerade Menschen, die zu Zurückhaltung und Schüchternheit neigen, sehen darin eine Chance und eine Gefahr! Sie sind ja Menschen, die Harmonie suchen. Sie können mit anderen Menschen und ihren Ideen verschmelzen, sie sind begeisterungsfähig und lassen sich z. B. auch von öffentlichen Auftritten anderer Menschen hinreißen. Eine solche Erfahrung führt zu dem, was in der Psychologie Identifikation genannt wird: Man wird Teil eines großen Redners. Und man erlebt sich selbst bei der Vorbereitung einer Rede in seiner eigenen Phantasie als großer Redner.

Der eigene Wille zur Größe (der ja auch bei schüchternen Menschen vorhanden ist) überhöht die Gestalt des Redners womöglich noch, um auch so die eigenen Chancen auf persönliche Größe noch einmal deutlicher herauszustreichen – kurz: In der eigenen, oft weitreichenden Phantasie baut man sich selbst zu stattlicher Größe auf, auch und gerade, wenn man sich sonst eher bescheiden zurückhält.

Dann aber kommt der Realitätsschock: Es kommt einem ein anderer Mensch in die Quere, einem selbst fällt nichts ein, und die ganzen Ideen eigener Größe kehren sich um in negative Gedanken über sich selbst. So wird der schüchterne Mensch hin- und hergerissen zwischen Allmachts- und Ohnmachts-Vorstellungen.

Eine Rede zu halten, die ankommt, die begeistert, die andere Menschen mitreißt, kann der Höhepunkt eines gelebten Lebens sein. Man ist exponiert, man ist für eine gewisse Zeit des Lebens nicht mehr nur ein Schaf in der Herde oder gar das Opferlamm, sondern der Leithammel, ja sogar der Schäfer.

Man ist wie ein Sportler beim Olympiasieg auf dem Höhepunkt dessen angelangt, was im Leben an Selbstverwirklichung möglich ist. Dieser Gedanke reizt, auch wenn man ihn vor anderen Menschen (und manchmal sogar vor sich selbst) nicht eingestehen würde. Doch gerade wenn soviel Erfolg winkt, erscheint die Vorstellung des Mißerfolgs um so schlimmer. Lampenfieber ist die Folge.

Das Auftreten von Redeangst ist also eine natürliche, normale und gesunde Reaktion des Menschen.

Lampenfieber als Reaktion auf eine ungewohnte Situation

Die Situation des öffentlichen Sprechens ist uns fremd. Als Kinder werden wir nicht dazu angehalten, öffentlich zu sprechen, sondern eher dazu zu schweigen, wenn die Erwachsenen das Wort haben. In der Schule machen menschenfeindliche Lehrer sich oft genug einen Sport daraus, diejenigen Schüler herauszupicken, die etwas nicht wissen, die also nur eine stockende Rede abliefern können.
Wenn wir als Kinder in der Schule etwas wissen, ist dagegen die Wahrscheinlichkeit, dranzukommen, nicht immer hoch, denn in überfüllten Schulklassen sind andere genauso schlau wie wir, und auch die müssen drankommen. Die Chance zu einer wohlgeordneten öffentlichen Rede bietet sich also meist nur den sowieso schon Höchstbegabten.
Etwas anderes kommt hinzu: die immer länger werdenden Phasen der Ausbildung, das immer weiter hinausgeschobene Erwachsenwerden. Manche Menschen sind noch mit dreißig in der Ausbildung, sind also „Lehrlinge" und keine „Meister". Was bedeutet, sie haben immer einen Meister vor sich, der das große Wort führt – an der Universtität z. B.
Aus diesen und vielen anderen Gründen heraus ist klar, daß die Situation, öffentlich vor anderen Menschen zu sprechen, ganz einfach unvertraut, neu, ungewohnt und nicht eingeübt ist. Dic natürliche Reaktion auf solch eine Situation ist Unsicherheit.
Aber nicht nur die fehlende Redeübung müssen wir unserer Art des Erziehungssystems zuschreiben, sondern noch etwas, das ebenfalls zu Redeangst und Lampenfieber dem Leben gegenüber führt: Die meisten Menschen werden als Kin-

der nicht zu Selbstvertrauen geführt, sondern verunsichert. In der Sprache der amerikanischen Psychologie wird dieser Zustand auf die Formel gebracht: „Ich bin nicht okay." Der Wiener Psychologe Alfred Adler, ein Schüler von Sigmund Freud, hat für diese Situation einen Fachausdruck geprägt, der seit langem Teil der Umgangssprache geworden ist: Wir alle leiden an einem Minderwertigkeitskomplex.
Sind wir in einer unvertrauten Situation, werden wir auf uns selbst zurückgeworfen – und diese „Rückzugsbasis" ist ein gekränktes und geknicktes Ich. Wir spüren zu Unrecht – aber das Gefühl ist dennoch da! –, daß wir weniger wert sind als andere Menschen. Dieses Gefühl geringen Selbstwertes ist uns bereits in jungen Jahren „eingeimpft" worden, vermutlich in einer Zeit, in der wir noch nicht sprechen konnten (was erklären würde, warum Mut und hohes Selbstwertgefühl nicht durch einfache Parolen und ermutigende Sätze wiederhergestellt werden können).
So kommt es, daß wir Menschen zumeist die Sicherheit und den Schutz der anderen brauchen. Irgendwie sind wir „Herdentiere" – und das ist nicht abwertend gemeint. Wir brauchen die Solidarität, wir vermissen sie, wenn sie fehlt, und bekommen davon nicht genug. Eine öffentliche Rede halten zu müssen bedeutet nun:

- Wir werden herausgenommen aus der schützenden, uns umhüllenden Gruppe.
- Plötzlich sind wir in der Situation „Theo gegen den Rest der Welt"; wir sind sehr allein, weil die anderen etwas von uns erwarten und uns nicht helfen können.
- Oder wir fühlen uns noch stärker allein, weil wir glauben, daß wir den anderen Menschen Wunderdinge bieten müßten.

So erklärt sich, daß ein Mensch munter reden kann, wenn er *unter* seinesgleichen ist, und sofort ins Stocken gerät, wenn er etwas *vor* seinesgleichen sagen soll.
Nicht nur das Alleinsein und das Herausgehobensein sind unvertraut, sondern auch folgende bei Reden auftretende Phänomene:

- Man hört die eigene Stimme, hört sie bewußt, und sie kommt einem fremd vor.
- Man weiß plötzlich nicht mehr, was man mit den Armen machen soll.
- Man weiß nicht, wie man stehen soll.
- Man schaut die Menschen an, muß aber in seinem Text fortfahren und weiß deshalb nicht, ob man sie nun ansehen soll oder nicht.
- Man ist in einer ungeübten Situation.

Wir Menschen reagieren hier mit einem seit alters her in uns angelegten körperlichen Mechanismus, der als Fight/Flight-Syndrom beschrieben ist – als Kampf/Flucht-Verhalten oder auch ganz allgemein als Streßreaktion.
Auch wenn es sehr vereinfacht ist, sollten Sie die folgenden Ausführungen über Streß überdenken, damit Sie Ihr eigenes Verhalten in entsprechenden Situationen besser einschätzen können. Das führt dazu, daß Ihnen Ihr Verhalten und damit auch die Situation vertraut ist. Dies ist eine wesentliche Hilfe, um in einer neuen, unvertrauten und – wie wir jetzt wissen – Streß auslösenden Situation „nicht unterzugehen".

Die Orientierungsreaktion

Wenn wir Menschen aus irgendeiner Art von Trott herausgerissen werden, kommt es zu einer Orientierungsreaktion. Dies ist in unserem Erbe angelegt – wer „Neandertaler-Beispiele“ liebt, mag sich vorstellen, daß es unseren Urvätern nicht gut ergangen wäre, wenn sie beim Anblick eines Raubtiers weiter gedankenverloren durch den Wald getrottet wären. Zumindest kann man folgern, daß bei einer solchen Begegnung nicht die Menschen, die so gehandelt hätten, sondern die Dinosaurier überlebt hätten und daß wir heute von Menschen mit einer „wachen“, reagiblen „physiologischen Ausstattung“ abstammen.

Die Orientierungsreaktion soll den Körper erst einmal überhaupt wach machen und die Aufmerksamkeit auf eine veränderte Situation richten sowie uns verhaltensbereit machen. Dazu produziert der Körper vermehrt Adrenalin.

Grundlegend wird bei der Orientierungsreaktion eine lebenserhaltende Frage innerhalb von Sekundenbruchteilen von unserem Körper und unserem Geist beantwortet: „Ist die Situation gefährlich? Ja oder nein?“ Falls sie gefährlich ist, gibt es zwei Reaktionsmöglichkeiten – jedenfalls im Prinzip: flüchten oder standhalten, um die Worte von Horst Eberhard Richter zu verwenden.

Wird das Adrenalin körperlich nicht abgebaut, so kann man sich vorstellen, daß es im Organismus weiter sein Unwesen treibt. Und auf diese Wirkung sind die Denkblockaden und die Blackouts zurückzuführen, unter denen manche Menschen während des Redens leiden.

Wichtig ist: Sowohl Flüchten als auch Standhalten sind körperliche Reaktionen. Der in Alarmbereitschaft versetzte Körper will reagieren, seine Kräfte sind mobilisiert, er will laufen oder raufen. Was er nicht will, ist saufen (oder andere Formen von Nahrung zu sich nehmen), denn alle Verdauungsreaktionen werden vom Körper abgeschaltet (und dazu gehört auch die Speichelsekretion). Mit anderen Worten: In einer uns unvertrauten Situation bekommen wir einen trokkenen Hals. Wenn wir in dieser Situation reden müssen, versagt uns die Sprache.

Auch andere körperliche Reaktionen sind auf Alarm und Aktivität geschaltet. Ein solchermaßen aktivierter Körper ist aber für feinere geistige Tätigkeiten – und dabei handelt es sich ja bei dem „Abliefern" einer Rede – nicht geeignet, sondern völlig „überaktiviert". Auch deshalb fällt es uns schwer, in der Situation der Alarmbereitschaft zu reden.

Ein Weiteres kommt noch hinzu:

Fluch und Segen des Adrenalins

Das Adrenalin, das sich in unserem Körper angesammelt hat, um von „Trott" auf „Alarm" und von „Genuß" auf „Kampf" oder „Flucht" umzuschalten, baut sich von selbst nur sehr langsam ab. Am ehesten wird es durch jenes Verhalten abgebaut, für das es den Körper vorbereitet hat: Aktivität, die sich in Schreien, Toben, Raufen, Laufen, Schlagen ect. äußert.

Man sagt, um dies etwas deutlicher zu machen, daß die Läufer vor einem Wettlauf so hoch motiviert sind (so sehr in Alarmbereitschaft sind bzw. so stark „unter Adrenalin" stehen), daß sie einfach nicht stillstehen können, sondern sich „warmlaufen" müssen, daß sie nervös beim Start wippen. Kurz: Wer unter Streß steht, macht viele Dinge, die ein normaler Redner neben Schreien und Prügeln ebenfalls nicht tun darf oder sollte.

Üben Sie Entspannungstechniken

Das Schwierige am Streß ist also, daß wir körperlich aktiviert sind, diesen Aktivitätsdrang aber körperlich nicht abbauen können. Um so wichtiger ist es, Streß erst gar nicht auftreten zu lassen.
Hierzu gibt es eine Reihe von Techniken, auf die im Rahmen dieses Buches nur hingewiesen werden kann. Es sind Methoden der Entspannung und des autogenen Trainings, wie sie für jedermann zugänglich z. B. an Volkshochschulen oder von Psychologen angeboten werden. Solche Techniken helfen Ihnen rundum im Leben und nicht nur vor einer Rede. Das hat folgenden Grund:
Alle Menschen leiden heute an einem Verlust an Geborgenheit. Viele alte Regeln, die Menschen gesagt haben, was richtig und was falsch ist, haben keine Orientierungsfunktion mehr. Menschliche Gruppen, die uns Unterstützung und Rückhalt geben könnten, zerbrechen: Familien, Arbeitsgruppen ... Man denke hierbei auch an den Zusammenbruch eines ganzen Gesellschaftssystems, wie er im Osten Deutschlands und in den Ländern des früheren Ostblocks zur Zeit zu beobachten ist. Auch wenn man diese Entwicklungen im Prinzip und in vielen Details für richtig hält, so muß man dennoch die menschlichen Erschwernisse, die sie mit sich bringen, sehr hoch ansetzen. Der Mensch lernt schwer, aber noch schwerer verlernt er – und was Jahre und Jahrzehnte Bestand gehabt hat, läßt sich für viele nicht schnell durch neue Gewohnheiten ersetzen.

Sie können es nicht allen recht machen

Um Sicherheit zu gewinnen, orientieren sich viele Menschen an anderen Menschen. Aber die Menschen haben unterschiedliche Ansichten, Interessen und Bedürfnisse. Und so wird der Mensch unserer Zeit, der es allen recht machen will, in die Situation versetzt, die einmal mit den drastischen Worten beschrieben wurde: Wer jedermanns „Darling“ sein möchte, wird sehr schnell jedermanns „Arschloch“.

Wer es in einer Rede jedem recht machen will, wird deshalb vermutlich eine schlechte Rede halten.

Zum Glück gibt es eine Lösung für all diese Probleme. Sie liegt in einer Abwendung von den diffusen, eingebildeten oder tatsächlichen Interessen anderer Menschen und einer Hinwendung zur Sache, zur Sachlichkeit, zum Thema selbst. Sich mit dem Gegenstand der Rede, mit dem Thema, mit der Sache, um die es geht, genau zu beschäftigen – das ist die wichtigste Methode, um eine gute Rede zu halten, die richtigen Worte zu finden und sie so vorzutragen, daß sie die Menschen auch erreichen.

Dieser Gedanke droht verlorenzugehen. Wir leben in einer Zeit der Verpackung, der „Anmache“, der angeblich funktionierenden „Psycho-Tricks“. Es gibt viele Menschen, die herumlaufen und „sichere Methoden, um andere Menschen zu beeinflussen“ anbieten – all dieses lenkt aber vom Wesentlichen ab. Und dieses Wesentliche besteht darin, das Thema, über das man sprechen will, so gut zu beherrschen, daß man nicht an bestimmte auswendig zu lernende Formulierungen gebunden, ja gekettet ist, wenn man darüber sprechen will, sondern daß man sich von jedem geistigen Ort aus dem Thema nähern kann.

Zudem sollte sich jeder Redner soweit in den Dienst der Sache stellen, daß er sich auch in den Dienst seiner Zuhörer stellt. Sich nicht selbst „produzieren“, sondern die Brücke sein zwischen dem Thema, über das man sprechen will, und den Menschen, zu denen man spricht – das ist das Ziel.

Diese Gedanken erscheinen mir wesentlich wichtiger als alle „Tips und Tricks“, die möglicherweise dazu dienen könnten, andere Menschen in einer wohlgesetzten, aber verlogenen Rede von Dingen zu überzeugen, die der normalen nüchternen Nachprüfung nicht standhalten.

Atmung und Stimme

Im Leben geht es ungerecht zu. Manche Menschen haben einfach eine Stimme, die „ankommt“, die sympathisch ist und bei der (in einer Art Wortspiel) von der Stimme darauf geschlossen wird, daß auch die Rede „stimmt“.
Für solcherart von der Natur begünstigte Menschen gilt folgendes:

- Sie haben eine volle, tiefe Stimme.
- Sie sprechen langsam.
- Sie machen Pausen.
- Sie **kümmern** sich um jedes Wort, ja um jede Silbe; kein Laut ist bei ihnen ein Stiefkind, jeder bekommt innerhalb der Rede sein Recht.
- Sie drücken die einfachsten Dinge häufig in einer so gepflegten Weise aus, daß man denken könnte, es handle sich um die größte Weisheit. Proben solchen Könnens bekommt man von manchen Rundfunksprechern. Wenn sie mit getragener Stimme die Uhrzeit ansagen, dann klingt es sehr bedeutend, obwohl es sich doch nur um eine Mitteilung handelt, die nach wenigen Sekunden absolut veraltet ist.

Frauen sind beim Reden benachteiligt

Eine tiefe, ruhige Stimme erweckt also Vertrauen. Das öffentliche Reden ist eines der Gebiete, auf denen Frauen deshalb benachteiligt sind, denn sie haben selten eine tiefe Stimme, sondern sprechen eher in einer höheren Tonlage. Das gilt natürlich auch für viele Männer, die ja auch nicht alle mit einem tiefen Baß auf die Welt gekommen sind. Kommt dann noch Aufregung während des öffentlichen Redens dazu, werden also die Stimmritzen verengt, ist der Atem hektisch und die Stimme gepreßt, können schrille Tonlagen entstehen, die der Glaubwürdigkeit allgemein und dem Transport von Information während einer Rede im speziellen schädlich sind. Das Zuhören wird anstrengend. Der römische Dichter Quintilian soll in diesem Zusammenhang einmal gesagt haben: „Wer das Ohr beleidigt, vermag nicht in die Seele des Menschen einzudringen.“

Langsam sprechen

- Wenn Sie eine hohe Stimmlage haben, sollten Sie sich besonders bemühen, langsam zu sprechen.
- Das Gebot des Langsamsprechens gilt auch für Menschen, die „nervöse“ Typen sind, die sich leicht aufregen und bei Aufregung anfangen, schnell zu sprechen.

Die richtige Atmung

Es gibt eine durch jahrtausendealte und durch neue wissenschaftliche Experimente abgesicherte Erkenntnis über den Zusammenhang von Atmen, Sprechen und innerer Ruhe bzw. Unruhe.
Sie lautet: Kurzes Einatmen und ganz langsames Ausatmen beruhigt, schnelles Ein- und Ausatmen macht nervös. Die praktischen Konsequenzen dieser einfachen Tatsache können für einen Redner kaum überbetont werden.
Sie lauten:

- Wer schnell spricht, führt nicht nur keine Nervosität ab, sondern redet sich selbst in weitere Hektik hinein.
- Wer hingegen tief einatmet und langsam spricht, redet sich selbst in die innere Ruhe hinein. Solch ein Mensch kann durch das eigene Reden – gleich wie nervös er am Anfang war – von selbst ruhig werden.

Daß tiefes und kurzes Einatmen bei langsamem Ausatmen tatsächlich beruhigt, ist geradezu sprichwörtlich geworden: Das „Pfeifen im Walde“ folgt dieser Atemtechnik. Man zieht Luft ein und läßt sie langsam unter Geräuschentwicklung ab. Überdies beruhigt auch das eigene Geräusch (und auch Ihre eigene Rede können Sie unter diesem Aspekt als „Geräusch“ ansehen), denn eine unkontrollierte Geräuschkulisse wirkt immer beängstigend.
Manche Psychologen, wie der Hamburger Professor Peter R. Hofstätter, gehen so weit zu glauben, daß das Beten die Menschen nicht etwa deshalb beruhigt, weil ein Gott ihre Gebete erhört, sondern weil die Natur uns hier mit Hilfe der

Religion auf einen grundlegend beruhigenden physiologischen Mechanismus zurückführt.
Auch die Wirkung hektischen Atmens ist seit Jahrtausenden bekannt. Sie wird heutzutage an manchen psychotherapeutischen Einrichtungen gezielt eingesetzt, um Menschen in einen „alternativen Bewußtseinzustand" zu versetzen. Schnelles Atmen, sogenannte Hyperventilation, versorgt unser Gehirn mit einem Übermaß an Sauerstoff, wodurch Menschen die bewußte Kontrolle über ihre geisten Prozesse verlieren können – ein Effekt, der in der Psychotherapie manchmal bewußt gesucht wird, der bei einer Rede vor anderen Menschen aber natürlich nicht gewollt ist.
Die einfachste Art, zu einer ruhigen Atmung zu kommen, ist die Zwerchfellatmung. Jeder Mensch beherrscht sie, kaum einer setzt sie ein. Sie basiert auf zwei Komponenten:

- Nicht mehr nur flach zu atmen, also nicht nur das Minimum an Luft, das man überhaupt zum Überleben braucht, zu sich zu nehmen.
- Die Unsitte des tief Einatmens durch Anheben der Schultern und Ausweiten des Brustkorbs aufzugeben.

Zwerchfellatmung heißt nichts weiter, als in den Bauch hineinzuatmen – genau dorthin, wo viele Menschen der Gürtel schnürt. Zwerchfellatmung kann im Liegen geübt werden. Legen Sie eine Hand auf Ihren Bauch und schauen Sie, ob beim Einatmen die Hand angehoben wird. Wenn ja, atmen Sie „in den Bauch hinein".
Von dem berühmtesten Redner der Antike, dem Griechen Demosthenes, sagte man, daß er diese Art der Atmung dadurch trainiert hat, daß er sich Felssteine auf den Bauch legte. Demosthenes hat auch einen Sprachfehler dadurch

bekämpft, daß er Kieselsteine in den Mund nahm; gegen sein zu leises Reden hat er als Training gegen die Brandung des Meeres angeschrien. Und er hat ein Zucken seiner Schulter dadurch bekämpft, daß er sich sein Schwert von der Zimmerdecke so weit herunterhängte, daß es auf der zumeist zuckenden Schulter gleichsam auflag. Jede Zuckbewegung wurde durch einen beißenden Schmerz bestraft.

Die Radikalkur hat gewirkt, Demosthenes wurde ein großer Redner – und genau deshalb sind seine Verhaltensratschläge für die allermeisten Menschen nur wenig wert. Wir wollen ja keine großartigen und in die Weltgeschichte eingehenden Redner werden, sondern nur ab und zu einige Minuten oder maximal eine Stunde zusammenhängend so reden, daß andere Menschen informiert und nicht gelangweilt werden.

Große Redetrainings rechnen sich für die meisten Menschen nicht, eine Ausnahme bildet dabei die Bauchatmung, weil sie für alle Worte, die wir im Laufe unseres Lebens sagen, nutzbringend ist.

Die Vorstellung wird Ihnen helfen, daß eine Rede um so besser wird, je mehr der ganze Mensch an ihr beteiligt ist. Kommt ein Wort nur aus dem Kehlkopf, klingt es einfach nicht sehr überzeugend. Kommt es hingegen aus der Tiefe des Bauches, so wird die Stimme voll (auch bei Frauen – und auch bei Männern mit einer hohen Stimmlage). Mit einer solchen Stimme gesprochene Worte wirken einfach überzeugender. Sie können einlullen, aber das ist erst ein mal nicht schlecht, denn um geistige Prozesse optimal steuern zu können, brauchen wir keine große Energie und keine große Aufgeregtheit. Ein halbwacher Zustand, eine große innere Ruhe (die manchmal durchaus in ein Nickerchen abkippen kann) sind hier sicher besser geeignet als aufgepeitschte Emotionen und sonstige Aufgeregtheit.

Menschen, die in Rage geredet werden, sind ja sowieso nicht mehr Herr ihrer Sinne – ein Phänomen, das sich die Demagogen aller Zeitalter zunutze machen.
Da wir in einer Zeit leben, in der das Zuhören weniger geachtet ist als das Unterbrechen und Vordrängeln und Selbstreden, hat die übliche Konversation unter Menschen zumeist etwas Hektisches. Die gesellschaftlichen „Vorturner" sind Hektiker: Die meisten Medienstars sind es allesamt; die gängige Form des Humors ist der Sketch, bei dem kurze Redepassagen aufeinander folgen und der Witz häufig durch gezielte Mißverständnisse und Unterbrechungen entsteht.
Das ruhige Reden „am Stück" ist aus der Mode gekommen. Schuld daran sind auch Fernsehen und Fernbedienung. Nur nicht langweilen, sonst schalten die Zuschauer um – und wertvolles Werbepublikum geht verloren ...
Hier soll nicht über die Zeitläufe lamentiert, sehr wohl aber darauf hingewiesen werden, daß die Räume, in denen Menschen auf natürliche Weise das „Reden am Stück" einüben können, immer enger werden.
Das Tröstliche an dieser Erkenntnis liegt darin, daß Sie sich selbst keine Vorwürfe machen müssen, wenn Ihnen der Gedanke, eine Rede zu halten, Beschwernis bereitet. Es sind Gedanken, die denen vor dem ersten Fallschirmabsprung vergleichbar sind. Man weiß zwar vom Kopf her, daß man dabei nicht stirbt – aber man hat es noch nicht erfahren und noch nicht einüben können.

Überlegen Sie einmal, ob Sie nicht eine Atemtherapie machen sollten

Eine gute Vorbereitung auf eine Rede ist, wie gesagt, der richtige Umgang mit dem eigenen Atem. Da richtiges Atmen in viele Richtungen auf unseren Körper, unseren Geist und unsere Seele ausstrahlt, ist es für die meisten Menschen nicht falsch, einmal zu überlegen, ob sie in diesem Bereich nicht etwas für sich tun sollten. Es gibt in fast jeder Stadt Atemtherapeuten oder Atemkurse an den Volkshochschulen. Sie können zu einer allgemeinen Verbesserung des Wohlbefindens führen, Streß abbauen sowie der allgemeinen Gesundheit und der Lebensfreude dienen.

Die Betonung

Monotones Reden ist langweilig. Wer einen Text herunterleiert wie ein katholischer Priester die Liturgie, der kann keine Höhepunkte setzen. Er wird die Zuhörer auf negative Weise einlullen, und seine Worte werden nicht viel mehr sein als Schall und Rauch.

Erinnern Sie sich noch einmal an das Wort von Friedrich Nietzsche über die Wichtigkeit der Art des Vortrags im Vergleich zur relativen Unwichtigkeit des Inhalts (Seite 24). Nietzsche hat diesen Gedanken an anderer Stelle vertieft. Er sagte: „Man widerspricht oft einer Meinung, während uns eigentlich nur der Ton, mit dem sie vorgetragen wird, unsympathisch ist.“

Es lohnt sich also, sich bei einer Rede nicht nur auf den Inhalt, sondern auch auf die Art des Vortrags vorzubereiten. Vieles am öffentlichen Reden ist, wie schon mehrfach gesagt wurde, aber gar nicht oft genug gesagt werden kann, fremd, weil wir darin keine Übung haben. Dazu gehört auch das Reden mit Betonung. Im normalen Sprechen wirkt es oft affektiert, einzelne Passagen zu betonen und sogar noch Pausen zu machen, die ebenfalls der Strukturierung der Rede – also der Betonung bestimmter Pasagen – dienen. Deshalb ist es richtig, sich in einem Redemanuskript (oder Probemanuskript oder Stichwortzettel) bestimmte wichtige Worte zu unterstreichen oder mit Filzstift hervorzuheben. Das sind dann die Worte, die betont werden. Und wem es nicht liegt, Pausen gezielt einzusetzen oder die Stimme vielfältig zu modulieren, der sollte zumindest die einfachste Form der Betonung, die Wiederholung, in die Rede einbauen.

Soll man sich selbst auf Tonband aufnehmen?

Viele Ratgeber für freies Sprechen weisen in diesem Zusammenhang auf Übungen, Trainingsmöglichkeiten und Tricks hin, mit denen man die Art des eigenen Vortrages verbessern kann. Dazu gehören:

- Vor einem Spiegel oder einer Videokamera zu reden, um einmal die eigene Erscheinung begutachten zu können.

- Die Rede vor anderen Menschen zu halten und sie beurteilen zu lassen.
- Die Wirkung verschiedener Posen einzustudieren und zu prüfen.
- Ein Tonband mitlaufen zu lassen, um sich zumindest von der Wirkung des Inhalts und der Art des eigenen Vortrags ein Bild zu machen.

All diese Dinge können hilfreich sein. Der Demagoge Adolf Hitler hat sich z. B. serienweise in den verschiedenen Redner-Posen fotografieren lassen und dann ausgewählt, was am eindruckvollsten war – er war eben ein heimlicher Charlie-Chaplin-Imitator. Der amerikanische Präsident Franklin D. Roosevelt hat die wichtigste Rede seiner Präsidentschaft – diejenige, mit der er die amerikanische Bevölkerung zum Eintritt in den zweiten Weltkrieg bewegen wollte – vielfach überarbeitet und schließlich sogar einem im Weißen Haus beschäftigten Anstreicher mit der Bitte vorgetragen, ihn sofort zu unterbrechen, wenn etwas unverständlich wäre. Drei Korrekturen des Anstreichers sollen dann noch in dieser Rede berücksichtigt worden sein.
Von John F. Kennedy, der als Außenseiter vor allem aufgrund wohlgesetzter Reden und Diskussionsbeiträge die Präsidentschaft gewonnen hat, läßt sich Ähnliches berichten. Solche Beispiele beweisen, daß wichtige Reden in vielfältiger Weise eingeübt werden müssen und auch tatsächlich werden. Wie aber verhält es sich mit uns normalen Sterblichen, die wir niemanden zum Eintritt in einen Weltkrieg überreden wollen? Für uns muß es nicht unbedingt von Vorteil sein, Methoden privat einzusetzen, die in Rhetorikseminaren vielleicht ihren Sinn haben. Gegen Selbst- und Fremdkritik sprechen folgende Gründe:

- Die eitlen Menschen werden durch das Einstudieren der Art des Vortrags möglicherweise noch eitler, entfernen sich deshalb in gestelzter Rede, gezierten Posen etc. noch weiter von ihrem Publikum und machen sich lächerlich.
- Die Schüchternen werden vielleicht durch eine Tonbandaufnahme zum ersten Mal mit der eigenen Stimme konfrontiert. Die eigene Stimme klingt anders, als wir sie selbst hören, sie erscheint uns deshalb immer fremd. Dies kann ebenso verunsichern wie die Entdeckung vieler Punkte, die man in seiner Rede noch verbessern sollte. Dadurch kann ein Gesamteindruck entstehen, der die Angst vor dem Scheitern beinahe in die Gewißheit zu scheitern umschlagen läßt.
- Schüchterne und ängstliche Menschen sind zudem gerade den eigenen Leistungen gegenüber viel zu negative Kritiker. Sie sind viel weniger tolerant mit sich selbst, als es die anderen Menschen sind (und auch ihre Zuhörer bei der Rede sein werden).
- Gegen Fremdkritik spricht, daß viele Menschen letztendlich doch kein so großes Interesse an uns und an unserem Referat haben, um uns als Kritiker bei dem Probelauf einer Rede wirklich sachdienlich helfen zu können.

Wer in seinem Leben Situationen herbeiführt, in denen er sich einer Rundumkritik stellt, läuft Gefahr zu erleben, daß langgehegte negative Vorstellungen, die andere Menschen, auch Freunde und Partner, haben könnten, jetzt einmal freien Lauf bekommen können. Oder man wird mit oberflächlicher „Stimmungsmache“ (und Schmeichelei) konfrontiert, was dem Ego dient und deshalb positiv ist, aber eben doch etwas anderes als eine objektive und auf Besserung abgestellte Bewertung eines Redeversuchs ist.

Diese letzten Warnungen gelten besonders für den letztendlich einzigen Menschen, der ein Interesse am Erfolg oder Mißerfolg unserer Rede hat, haben müßte oder sogar haben muß: unseren Lebenspartner.
Manche Lebenspartner sind so aufeinander eingestimmt, daß „Papi" nur das tun muß, was „Mami" ihm sagt, und dann geht alles seinen geordneten Gang. Aber das ist nicht immer so, und als Generallinie empfiehlt es sich, mit vielen Belangen nicht unbedingt den eigenen Lebenspartner zu konfrontieren, sondern einiges eben auch mit Freunden und Bekannten abzumachen.

Der schwierige Blickkontakt

Einen Menschen anzublicken, ist eine „Aufforderung zum Tanz“: eine fast so intensive Art der Kontaktaufnahme, wie es eine Berührung ist.
Blicke können sich treffen, gezielt oder zufällig, sie können sich wieder suchen und können sich „aus dem Wege gehen“, der Blick ist also die Vorstufe für jeden Kontakt. Ein Blick, ein Wort, eine Berührung – all dies löst eine Fülle von Reaktionen auf seiten des Partners aus. Philosophisch gesprochen bricht der Mensch zuerst durch den Blick seines Auges aus seiner Isolation, dem Gefängnis seiner Individualität, aus und öffnet sich den anderen Menschen.
Erst in der Kommunikation mit anderen Menschen werden wir wirklich zu Menschen. Nicht angeblickt (keines Blickes gewürdigt) zu werden, ist deshalb auch immer ein Absprechen der Menschenwürde. Dieses heutzutage so vielfach geübte Vorbeischauen – weil wir in den großen Städten ja Hunderten und Tausenden von Menschen im Lauf eines Tages begegnen, die wir uns alle nicht ausgesucht haben –, zeichnet unsere Zeit in besonderer Weise aus. An Kontaktmöglichkeiten gibt es das Tausendfache dessen, was wir verkraften können – und so üben wir das Wegsehen stärker als das Hinschauen.
Schließlich gibt es auch noch den guten Rat, unangenehmem Kontakt dadurch aus dem Weg zu gehen, daß man wegschaut. Das gilt für Mädchen und Frauen, die sich vor Männerblicken schützen wollen, und für alle Menschen, wenn sie Personen begegnen, die ihnen gefährlich werden können.

Langer Rede kurzer Sinn: Auch das Hinschauen müssen wir wieder lernen.

Und besonders müssen wir es lernen, wenn andere Menschen auf uns schauen – und dies ist ja die Situation, auf die ein Mensch (meist völlig unvorbereitet) trifft, wenn er zum ersten Mal sich selbst erhebt, die Stimmt erhebt, die Augenlider erhebt und in viele Augenpaare schaut.

Den meisten Menschen ist das so unangenehm, daß sie den Blick von den anderen Menschen abwenden – vor Aufregung zumeist auf das Redemanuskript. Dies führt dann zu jenen langatmig-monotonen Vorträgen, bei denen wir (wären wir nicht durch Zufall der Redende) als Hörer selbstverständlich das Interesse verlören.

Eine Möglichkeit, Interesse zu wecken und wachzuhalten, liegt darin, die Zuhörer anzuschauen – für Redeanfänger eine meist gräßliche Vorstellung.

Folgende Ratschläge sollen Ihnen helfen, es dennoch zu tun:

- Suchen Sie sich einen sympathischen Menschen, und halten Sie Ihre Rede nur für diesen Menschen. Blicken Sie ihn immer wieder an, freuen Sie sich an seiner aufmunternden Blickerwiderung.
- Suchen Sie sich mehrere solcher Menschen – in etwa gleich verteilt über das Publikum. Lassen Sie Ihren Blick zwischen diesen Sympathieträgern wandern.
- Das es generell ein gutes Zeichen für Kontaktbereitschaft ist, sollten Sie nicht nur bei der Vorbereitung direkt vor einer Rede das Anblicken und „Den-Blick-Halten“ immer wieder üben. Für die eher schüchternen Menschen sei gesagt: Mehr ist meist nicht nötig, um Menschen kennenzulernen. Genauso wie die Einübung einer besseren

Atemtechnik ist es für eine bessere Lebensqualität sinnvoll, den offenen Blick einzuüben. Dabei können Sie sich – für eine zu haltende Rede – daran gewöhnen, angeschaut zu werden, und so eine kurze „Kontaktbrücke“ aufzubauen.

- Wenn (bei einer Tischrede) die Menschen vor, neben oder manchmal sogar hinter Ihnen sitzen, oder wenn Sie vor einem großen Publikum sprechen, sollten Sie sich das Auditorium zumindest gedrittelt vorstellen; also in ein linkes, ein mittleres und ein rechtes Segment teilen. Sie sollten dann darauf achten, alle drei Segmente gleichmäßig mit Ihren Blicken zu streifen.

Was tun, wenn der Blickkontakt schwerfällt?

- Wenn Sie bereits vor Beginn Ihrer Rede wissen, daß Sie hier Schwierigkeiten haben, helfen Sie sich mit einem guten „Eisbrecher-Satz“: „Bitte entschuldigen Sie, wenn ich bei meiner Rede sehr oft ins Manuskript schaue. Man hat mir zwar gesagt: ‚Du mußt unbedingt die Menschen anschauen.‘ Aber gegen diese Regel möchte ich verstoßen, um den Inhalt kürzer und knapper hinüberzubringen.“
- Wenn Ihr Publikum nicht zu Ihnen schaut, kann das mehrere Gründe haben. Zwei seien genannt:
  - Die Menschen denken über das von Ihnen Gesagte nach. Den meisten Menschen fällt es schwer, einen anderen Menschen anzuschauen und dabei zugleich über Worte dieses Menschen nachzudenken. Es ist also in aller Regel kein Zeichen von

Desinteresse, Unhöflichkeit oder Arroganz, wenn Menschen sich beim Sprechen nicht anschauen. Vermutlich wird im Leben deshalb so viel telefoniert, weil wir allein mit der Bewältigung der sprachlichen Information genug zu tun haben und die zusätzliche optische Information über die Körpersprache gar nicht mehr verkraften können.

– Natürlich kann Wegschauen auch ein Zeichen von Desinteresse sein. Wenn Sie viele unruhige Geister im Publikum entdecken und darüber hinaus Menschen, die offenkundig nicht zuhören, sollten Sie sich selbst unterbrechen und sagen: „Ich komme nun zum Ende." Dies ist ein Satz, der die Lebensgeister jedes Publikums noch einmal weckt. Geben Sie dann ein Zeitmaß (maximal fünf Minuten) vor, in dem Sie tatsächlich zum Ende kommen – und überschreiten Sie es nicht allzusehr.

Stehen lernen

Viele Bestandteile des öffentlichen Sprechens sind ungewohnt; hierzu zählen z. B. die eigene Stimme zu hören, von anderen Menschen angeschaut zu werden. Dazu gehört ebenfalls: vor anderen Menschen zu stehen.
Auch dies ist ungewohnt, weil man es nicht übt. Zumeist sprechen wir, wenn wir sitzen, aber auch beim Gehen oder im Liegen. In vielen Situationen können wir zudem Energien durch Bewegungen ableiten.
Aber die einfache Situation, daß wir – vielleicht zehn Minuten – vor anderen Menschen stehen und zu ihnen sprechen, ist uns ziemlich fremd. Die meisten Menschen kommen kein einziges Mal im Lauf ihres Lebens in solch eine Situation.
Die meisten Reden gehen vermutlich deswegen schief, weil zuviel zusammenkommt, was man bisher nicht richtig hat üben und sich daran gewöhnen können: Sehen, atmen, stehen, betonen, Worte suchen, sich an Gedanken erinnern usw.
Was sollte man beachten, wenn man zehn Minuten vor Menschen stehen muß?
Üben Sie das richtige Stehen, wann immer Sie eine Möglichkeit dazu haben. Es wird Ihr allgemeines Wohlbefinden steigern. Wenn Sie während einer Rede plötzlich von Gedanken unterbrochen werden wie: Wie stehst du denn da? Zapple nicht so viel rum! Kannst du nicht stillstehen? – dann ist dies mit Sicherheit eine unliebsame Unterbrechung, die dem Glanz Ihres Vortrags schaden wird.

Richtig zu stehen ist sehr einfach, jedenfalls in der Theorie. In der Praxis beherrscht es aber kaum ein Mensch. Das Wichtigste ist, daß Sie tatsächlich den Boden berühren. Es gibt pro Fuß drei Auflagepunkte:

- hinten am Fuß in der Mitte der Hacke,
- vorne am Ballen außen und unterhalb des kleinen Zehs,
- innen unterhalb des großen Zehs.

Probieren Sie einmal, ob Sie so stehen können, daß diese drei Punkte gleichmäßig belastet sind. Den meisten Menschen fällt dies äußerst schwer. Wenn Sie aber mit beiden Füßen auf diesen drei Punkten stehen, werden Sie sich unverkrampft fühlen.

Eine wichtige Hilfe beim richtigen Stehen ist, die Knie nicht nach hinten durchzudrücken. Man muß also anders stehen als die Menschen beim militärischen Strammstehen und ganz besonders anders als die Turner, wenn sie nach dem Abgang vom Gerät Haltung annehmen. Halten Sie die Knie statt dessen so, daß Sie alle Körperschwankungen allein mit den Knien aussteuern können.

In Wirklichkeit müssen und sollten Sie bei Ihrem Zehn-Minuten-Vortrag nicht zehn Minuten wirklich stillstehen. Sie brauchen sich also nicht darauf einzustellen, die eben beschriebene und von Ihnen vielleicht als fremd empfundene Haltung zehn Minuten „durchstehen“ zu müssen. Auf sie immer wieder zurückzukommen, ist aber in jedem Falle richtig, weil dieser Stand Sicherheit und Lockerheit gibt. Ein dreibeiniger Hocker steht immer sicher, und Ihr Fuß lagert deshalb zu Recht auf drei Punkten.

Weiter „bauen“ Sie Ihre richtige Körperhaltung dadurch auf, daß Sie Ihr Hinterteil nicht nach hinten hinausstrecken.

Ob Sie dies tun, sehen Sie daran, daß Sie ein Hohlkreuz haben, daß also Ihr Bauch nach unten vorne gedrückt wird.
Diese Pose verwechselt man zumeist mit Geradestehen; in überzeichneter Weise sehen Sie sie an Turnern nach dem Abgang vom Gerät – und es ist besonders schmerzlich zu beobachten, wie stark die bei jungen Mädchen früh gekrümmten Rückgrate sich durchbiegen lassen. Spätere Haltungsschäden sind garantiert.
Versuchen Sie statt dessen vom Gedanken her Ihr Rückgrat nicht als doppelt S-förmig gekrümmt anzusehen (was es ist, und was es auch nach dieser Übung bleiben wird), sondern als eine Art Rohr, das vom unteren Ende Ihres Steißes bis durch die Nackenwirbel und hinein in Ihren Kopf geht – bis ungefähr zu jener Stelle, an der sich die Mönche die Tonsur schneiden. Die Tonsur befindet sich an jener Stelle am oberen Hinterhaupt, die von manchen Angehörigen der jüdischen Religionsgemeinschaft bedeckt wird und von der bei Buddhisten manchmal bei ansonsten kahlgeschorenem Haupt ein Zopf wächst.
Probieren Sie einmal die eben beschriebene Stellung, drükken Sie durchaus – auch wenn es Ihnen etwas peinlich erscheint – Ihren Unterkörper, also auch den Genitalbereich, etwas nach vorne und oben. Eine einigermaßen ideale Körperhaltung haben Sie erreicht, wenn Sie folgendes beachten:

- Sie ruhen pro Fuß auf drei Fußpunkten.
- Ihre Knie können die ständig vorhandenen Körperschwankungen ausfedern.
- Ihr Rückgrat ist nicht künstlich steif, aber senkrecht „herunterfallend“.
- Ihr Kopf sitzt lotrecht darauf.

Zugleich hat Ihr Kopf dabei eine gute „Sprechhöhe“ erreicht. Wenn Sie zu sehr nach unten sprechen, schnüren Sie den ganzen Sprachapparat in einer Weise ab, daß die Sprache gequetscht erscheint. Sie haben sich mit der vorgeschlagenen Körperhaltung zudem Freiheit für die Bauchatmung geschaffen.
Die Körperhaltung, die Ihnen hier beschrieben worden ist, entspricht derjenigen, die Sie in der ägyptischen Kunst vielfach dargestellt finden. Die Menschen sind dort meist gerade aufgerichtet. Diese Haltung bietet folgenden Vorteil: Sie müssen nicht durch die verschiedensten Muskelanspannungen „im Lot“ gehalten werden. Sie stehen gerade und aufrecht – allein durch die segensreiche Wirkung der Schwerkraft.
Wenn jemand mit stark S-förmig gekrümmtem Rücken, Hohlkreuz, druchgedrückten Knien, nach vorne geneigtem Haupt und nach hinten geneigtem Hinterteil steht, braucht er vielfache Muskelspannungen, um diese eigentlich unnatürliche – von den meisten Menschen aber habituell eingenommene – Pose zu erhalten.
Wenn Sie in der beschriebenen lockeren (und eben nicht militärischen) Haltung geradestehen, werden Ihnen auch Ihre Arme nicht als Fremdkörper vorkommen. Ihr Bedürfnis,

- Ihre Hände hinter dem Rücken zu falten,
- mit einer Hand den anderen Arm festzuhalten,
- Ihre Arme vor dem Brustkorb zu verschränken,
- eine Hand oder auch beide Hände in die Hosentasche zu stecken,

wird dann nicht mehr so stark ausgeprägt sein. Alle drei

Haltungen sind fürs Reden eher ungeeignet, weil man natürlich auch mit den Händen reden soll (mehr dazu im nächsten Kapitel).
Es ist erlaubt, legitim und manchmal sogar hilfreich, wenn Sie nicht wie angewurzelt auf demselbten Fleck stehen, sondern sich ein bißchen die Beine vertreten und sogar hin- und herlaufen.

Was macht man mit den Händen?

Drei Möglichkeiten, die Arme und Hände zu „parken", wurden eben auf Seite 102 erwähnt. Eigentlich sollten Ihre Arme und Hände Ihre Worte unterstützen, aber viele Mitteleuropäer finden das – leider und zu Unrecht – affektiert. Eine Hand in der Hosentasche zu haben, um mit der anderen um so freier zu agieren, kann – wo es nicht als Unhöflichkeit definiert ist – eine gute Rednerpose sein. Man schaut das Publikum dann auch nicht direkt frontal, sondern etwas schräg über die rechte Schulter an (bei Rechtshändern, die dann die linke Hand in der Tasche haben).
Diese etwas „aggressivere" Stellung, die ein bißchen an einen Boxer oder Fechter erinnert, kann bei innerer Aufregung durchaus gerechtfertigt sein. Der Körper allgemein soll ja Spannung abführen. Sie dürfen sich bewegen – und jemand hat einmal gesagt: „Wie soll man andere Menschen bewegen, wenn man sich selbst nicht bewegt?"
Worin besteht nun die Grundhaltung der Arme und Hände? Wenn Sie eine Stehgrundhaltung wie auf Seite 99 ff. beschrieben einnehmen, werden Sie überhaupt keine Probleme mit Armen und Händen haben; sie hängen, leicht angewinkelt nach unten, „sicher in den Schultern verankert" und bereit, Ihre Rede zu unterstützen.
Die natürliche Form des Redens besteht darin, mit dem ganzen Körper zu sprechen. Die Worte sollen aus dem tiefen Zwerchfell heraus gebildet werden. Jeder Mensch verfügt

darüber hinaus über ein natürliches Repertoire an Handbewegungen, die von selbst zu fließen beginnen, wenn sie nicht künstlich unterbunden werden. Der Körper darf sich krümmen, die Faust darf sich ballen, der Finger darf zeigen, wir dürfen auf den Beinen hin- und herwippen – all dieses dient nicht nur der normalen Energieabfuhr, sondern zeigt uns als Mensch hinter den papierenen Worten – erinnert sei noch einmal an das schöne Zitat von Friedrich Nietzsche.
Daß wir zu alldem nicht mehr richtig fähig sind – zu einer bewegten und belebten Rede –, liegt an einer menschenfeindlichen Erziehung. Kinder bewegen sich spontan. Man hat z. B. ausgerechnet, daß ein zehnjähriges Kind im Laufe eines Tages – wenn man es läßt und die Möglichkeit dazu besteht – bis zu fünfzehn Kilometern joggt, ohne müde zu werden und ohne dies als besondere Leistung anzusehen. Wenn man sie nicht unterbricht, dann bewegen sich Kinder eben. Aber man sagt ihnen ständig: Zapple nicht herum; halte die Hände still; sitz still ... Und dies hat schlimme Auswirkungen.
Plötzlich mit Ausdrucksbewegungen zu sprechen, erscheint uns deshalb unnatürlich – und deshalb empfinden wir unsere Arme und Hände und manchmal sogar unseren gesamten Körper als störend, wenn wir plötzlich im Mittelpunkt der Aufmerksamkeit stehen. Dies liegt weiterhin daran, daß man es lange für ein Ideal gehalten hat, wenn Menschen die Kontrolle über sich nicht verlieren. Eine lebensunfrohe Ethik hat es über weite Teile des letzten und dieses Jahrhunderts mit sich gebracht, den gefühls*un*bewegten Menschen als Ideal hinzustellen. Dies wurde regelrecht eingeübt – im deutschen Sprachraum z. B. durch das Tragen eines Monokels.
Ein Monokel ist ja in Wirklichkeit nicht etwa eine Sehhilfe, sondern ein Trainingsgerät für die Gesichtsmuskulatur. Es

muß unter Muskelanspannung in Position gehalten werden. Zeigt ein Monokelträger auch nur die leiseste Gefühlsregung, dann fällt eben das Monokel – was in manchen Militärfilmen immer besonders eindrucksvoll dadurch dargestellt wird, daß einem General das Monokel aus dem Auge fällt und vor der Brust am Bande baumelt.

Aber anderen Menschen und speziell Untergeordneten gegenüber die Gefühle unter Kontrolle zu halten ist keine allein deutsche Untugend. Die Engländer sprechen von der steifen Oberlippe („stiff upper lip“). Und John Major, der Nachfolger von Margaret Thatcher, der nicht so eisern ist wie die „Eiserne Lady“, bemüht sich sehr um die „stiff upper lip“. Man kann an ihm gut studieren, wie jemand Haltung darstellt und Selbstsicherheit demonstriert, wo er doch besser – wie z. B. im Golfkrieg – ehrlich und offen seine Befürchtungen und Ängste artikulieren sollte.

Wir leben in einer Zeit des Umbruchs. Vieles, was als gute Sitte über Jahrzehnte tradiert worden ist, weicht einer neuen, barockeren oder an den Lustidealen des Mittelalters orientierten Weltsicht. In den siebziger Jahren begann der Hang, vor anderen Menschen eine Maske zu tragen, abzubröckeln. Das Maskentragen ist in den späten achtziger und frühen neunziger Jahren sogar zur Parodie geworden (siehe Breakdance oder die Kostümierungen verschiedener Popstars wie Madonna mit all ihren martialischen Corsagen). Es kann sein, daß dies eine Mode ist und daß die „stramme Haltung“ wieder populär wird. Zu hoffen ist aber, daß sich Humanismus ausbreitet, der die Gefühle und den Körper des Menschen befreit, um so zu Gedankenfreiheit zu führen, die sich in freier Sprache äußert.

Schüchternheit

Sich in der Welt nicht erwünscht fühlen

Was ist Schüchternheit? Der kurze Brief im folgenden Kasten zeigt es: Auf die anderen Menschen achten, sie lieben und sie fürchten – aber seinen Platz unter den Menschen nicht finden. Und statt dessen immer auf sich selbst achten: „Was mache ich richtig, was mache ich falsch, was könnten die anderen denken, wenn ich …?“ So lautet das ewige Selbstgespräch schüchterner Menschen.

Brief einer Fünfzehnjährigen an einen Psychologen

„Ich hoffe, Sie werfen meinen Brief nicht weg – nur weil er von einer verwirrten Jugendlichen stammt. Mein Problem ist, daß ich mich selbst nicht mag. Ich versuche, übermäßig freundlich zu sein, um meine Schüchternheit zu verbergen. An manchen Tagen fühle ich mich toll, nur weil zu mir irgendein Junge in der Schule ‚Hallo!‘ gesagt hat. Am nächsten Tag bin ich am Boden, nur weil eine Gruppe von Mädchen in einer Ecke zusammensteht und ich denke: ‚Jetzt reden die über dich.‘“

Dieses „Gespräch mit mir selbst“ beginnt in der frühen Kindheit. Bei vielen Menschen hat es im hohen Alter noch

nicht aufgehört. Und es ist ein lautloses Selbstgespräch. Denn Schüchternheit ist ein lautloses Leiden.
Wie viele schüchterne Menschen gibt es? Keiner weiß es. Die Schüchternen sind zu schüchtern, um viel Aufhebens von ihrem Problem zu machen. Der im Kasten zitierte Brief einer Fünfzehnjährigen schließt mit den Worten: „Dies ist der vierte Brief, den ich schreibe. Die ersten drei habe ich weggeschmissen." Dreimal Ängste zu Papier gebracht, Hoffnungen formuliert, schmerzliche Selbsterkenntnis aufgeschrieben – und dann wieder alles in den Papierkorb geworfen. Das ist die Art und Weise, wie ein schüchterner Mensch sich der Welt nähert, die ihm oft unfreundlich entgegentritt und in der er seinen Platz nicht findet.
Wie viele Menschen plagen sich mit solchen Problemen? Der amerikanische Psychologie-Professor Philip G. Zimbardo von der renommierten Standford University wollte es genau wissen. „Wie viele Menschen", fragte er sich, „können tanzen, sind aber zu scheu, jemanden zum Tanzen aufzufordern, und lehnen ab, wenn jemand sie auffordert. Wie viele Schüler im Klassenzimmer wissen die richtige Antwort – aber irgendeine Kraft macht ihre Hand so schwer, daß sie sich nicht melden – und wenn sie es tun und drankommen, versagt ihre Stimme ..."
Zimbardo, der Antworten auf seine Fragen in der psychologischen Fachliteratur nicht fand, richtete Seminare ein und suchte selbst Kontakt zu Menschen, die sich nur sicher fühlen, wenn sie nicht gesehen und nicht gehört werden.
Sein Vorhaben verbreitete sich schnell – und die Studenten strömten herbei. Da ging es um ihr Problem, um Schüchternheit.
Wie viele Menschen leiden an Schüchternheit? Fragt man in einer Weise, die einem Schüchternen nicht den Mut zu ant-

worten nimmt, dann wird klar, daß Schüchternheit eines der großen Probleme unserer Gesellschaft ist. Die nüchternen Zahlen für die USA lauten:

- Etwa achtzig Prozent der Bevölkerung antworten mit „Ja“ auf eine Frage wie: „Kennen Sie in Ihrem Leben in der Vergangenheit oder in der Gegenwart Schüchternheit?
- Etwa vierzig Prozent geben an, momentan schüchtern zu sein.
- Etwa 25 Prozent fühlen sich immer schüchtern.
- Für etwa vier Prozent ist Schüchternheit so allumfassend, daß sie 24 Stunden am Tag („in allen Lebenssituationen und allen Menschen gegenüber“) schüchtern sind.

Diese Zahlen stammen aus wissenschaftlichen Untersuchungen und Tiefeninterviews mit mehr als 5000 Menschen.
Gelten diese Zahlen auch bei uns? Halten sich auch bei uns achtzig Prozent der Bevölkerung für – zumindest zeitweilig – schüchtern und nur zwanzig Prozent nicht für schüchtern? Wir leben nicht im Land der unbegrenzten Möglichkeiten, nicht im Land von Hollywood, Surf und „California Dreaming“. Liegen diese Zahlen bei uns vielleicht noch höher? Liegen Sie deshalb höher, weil Schüchternheit – wie wir weiter unten sehen werden – Produkt einer strengen (und man könnte auch sagen „typisch deutschen“) Erziehung ist? Und wie steht es mit der ehemaligen DDR, mit sechzehn Millionen Menschen, die mehr als vierzig Jahre – nennen wir es ruhig so – *eingeschüchtert* worden sind?
Wir können nur spekulieren. Da sich die gesellschaftlichen Verhältnisse in den modernen Industrieländern aber zunehmend angleichen, kommen wir für den deutschsprachigen

Raum (Österreich, Nordschweiz und Bundesrepublik) zu folgenden Zahlen:

- 72 Millionen von 90 Millionen Menschen kennen das Problem Schüchternheit aus eigener Erfahrung.
- 36 Millionen kämpfen jetzt, in diesem Moment, mit ihrer Schüchternheit.
- 22,5 Millionen fühlen sich sogar immer schüchtern.
- Für 3,6 Millionen deutsch sprechende Menschen ist Schüchternheit das lebensbestimmende Thema.

Die Gruppe der schüchternen Menschen zählt zu den größten Gruppen in unserer Gesellschaft – und wäre eine der einflußreichsten, wenn, ja eben wenn sie sich selbst auch wichtig nehmen und wenn die Schüchternen von ihrem Problem sprechen und sich zu ihm bekennen würden.
Genau das aber schaffen sie nicht – im großen Rahmen der Gesellschaft ebensowenig wie an dem Platz, an den sie gestellt sind. Denn Schüchternheit macht es schwer, andere Menschen überhaupt kennenzulernen, Freunde zu gewinnen oder Gemeinschaftserlebnisse zu haben und zu genießen.

Schüchternheit verhindert, daß wir

- unsere eigenen Gedanken vertreten und verteidigen,
- uns für unsere Rechte einsetzen,
- unsere Werte verteidigen.

Schüchternheit bewirkt,

- daß andere Menschen unsere Schönheit und unsere Stärken nicht erkennen,

- daß wir selbst uns von anderen Menschen abwenden und gedanklich auf uns selbst fixiert bleiben,
- daß wir nicht immer klar denken,
- daß wir mit anderen nicht immer klar reden können.

Und zu „schlechterletzt" ist Schüchternheit nur zu oft begleitet von Gefühlen der Angst, der Depression oder der Einsamkeit.
Und hier schließt sich der Kreis: Wer schüchtern ist, hat Schwierigkeiten, auf andere Menschen zuzugehen. Die anderen werden für ihn ein Mysterium. Die anderen können dem Schüchternen größte Lebensfreude und tiefste Verzweiflung bereiten. „An einem Tag fühle ich mich toll ... am nächsten bin ich am Boden ...", sagte die Fünfzehnjährige. Und sie fürchtet sogar, daß nicht nur die anderen Mädchen über sie lachen, sondern daß der Psychologe, der doch dafür bezahlt wird, anderen zu helfen, ihren Brief wegwerfen könnte. Das ist Schüchternheit: sich in der Welt nicht aufgehoben fühlen, aber immer darum buhlen, akzeptiert zu werden. Und darin immer wieder enttäuscht werden!

Erziehung zu Schüchternheit

Peter W. kam im August 1988 in eine psychologische Gruppe. Er war bei einem Streit mit seiner Frau „handgreiflich geworden". Daß er, der sein Leben lang ruhig und zurückhaltend war, Gewalt gegen eine Frau – gegen seine Frau! – praktizieren könnte, das hat ihn völlig fertiggemacht.

Ruhig und zurückhaltend – so sah Peter aus. In der Therapie vergingen mehrere Stunden, bis er überhaupt von sich erzählte.

Er schwärmte von seiner Frau, wie schön sie sei, wie erfolgreich, und die anderen Gruppenteilnehmer wollten es kaum glauben, als er erzählte, wie die Schöne und Erfolgreiche ihn belogen und betrogen hatte.

Peter W. berichtete dies so ruhig und zurückhaltend, als ob er von völlig fremden Menschen erzählte. Der Therapeut forderte ihn auf, auf eine Frau in der Gruppe zuzugehen. „Stellen Sie sich vor, die Edith dort, das sei Ihre Frau! Erzählen Sie ihr, wie Sie das empfunden haben, das Lügen, das Betrügen!"

Peter wußte mit der Aufgabe nichts anzufangen, er stotterte hölzern in seinem Buchhalterdeutsch etwas herum. Der Therapeut gab ihm einen Schaumgummischläger in die Hand – „Bataka" genannt. Solch ein „Schläger" wird in Gruppen häufig eingesetzt, weil damit geprügelt („Aggression rausgehauen") werden kann, ohne einen anderen Menschen zu verletzen.

„Spüren Sie Wut?" fragte der Therapeut. „Wenn ja, dann schlagen Sie ruhig einmal zu!"

Peter blickte sich ungläubig um, erhob die Schaumgummi-Bataka, ließ sie mehr sinken, als mit ihr auszu-

holen, wiederholte die Bewegung einige Male. Und dann ging ein Beben durch den Körper dieses von vorne so weich, so schlaff, so ruhig und zurückhaltend aussehenden Mannes. Die Gruppenteilnehmer, die hinter ihm saßen, hatten bereits bemerken können, wie die Rückenseite dieses „Schlaffis" hart, muskulös, verspannt, aber kraftvoll aussah. Und von hier aus setzte er an, schlug und schrie – ohrenbetäubend und angsterregend –, und innerhalb von Sekunden war er außer sich vor Wut, vor Kraft, vor purer Aggression.
Ein schüchterner Mensch. Auch so kann seine Welt aussehen, wenn er ihr „zurückgibt", was sie ihm angetan hat. Nach seinem Ausbruch sackte Peter zusammen und weinte eine halbe Stunde lang in den schützenden Armen der anderen Gruppenteilnehmer.

Was war los mit Peter W.? „Eigentlich war ich immer nett und schüchtern", leitete er eine große Rückblende in die Jahre vor der Ehe, die Jahre der Ausbildung, der Schule und der Kindheit ein. Hier liegt der Schlüssel zum Verständnis seiner Schüchternheit: Peter, ein Produkt deutscher Erziehungskünste.
Peters Eltern hatten große Hoffnungen in ihn gesetzt. „Eigentlich, wenn ich es genau sehe, nicht in mich, sondern in ein Kind, das so aussah wie ich, so hieß wie ich, am Tag meiner Geburt von meiner Mutter geboren worden war, das mein Wissen und meine Intelligenz hatte – aber im Gegensatz zu mir auch hohes Durchsetzungsvermögen." Das hatte Peter nicht. Er war ein sensibles Kind. So entspach er den Wünschen und Phantasien seiner Eltern nicht. Und sie ließen es ihn spüren:

- Machte er einen Fehler, bekam er eine Strafe.
- Machte er etwas richtig, wurde das wie selbstverständlich hingenommen. Ein Lob gab es nicht.
- War er ungeschickt, erntete er Spott.
- Wollte er schmusen, wurde er „pflichtgemäß“ in die Arme genommen – aber nie für lange.
- Widerworte von ihm wurden nicht geduldet, und wurden Anordnungen der Eltern nicht strikt eingehalten, bekam er Schläge.
- Wollte er mit anderen Kindern spielen, durfte er sich nicht dreckig machen.

„Den Schneid“, so erkannte Peter W. in der Therapiegruppe, „den haben mir bereits meine Eltern abgekauft. Aber sie selbst waren ja auch keine Löwenherzen.“
Und genauso ist es: Eltern, die selbst verunsichert sind, erziehen verunsicherte Kinder. Eltern, die selbst schlagen, geben ihren Kindern als Lehre mit auf den Lebensweg: Es gibt immer wieder Situationen, die nicht durch Gespräch und Kompromiß, sondern nur mit Gewalt zu lösen sind. „Ich habe so sehr versucht“, sagte Peter in der psychologischen Beratung, „selbst niemals gewalttätig zu werden. Aber irgendwie habe ich das geradezu angezogen.“
Seine Schulkameraden haben ihn gehänselt – ihn, der „anders“ war, der immer „gebügelt“ rumlaufen und sich nicht dreckig machen durfte. „Dann kam die Zeit mit den Mädchen“, so Peter. „Bei mir war das die Zeit, in der ich an Mädchen gedacht hatte, während eigentlich alle anderen in der Klasse zumindest zeitweise eine Freundin hatten. Ich habe mich nicht getraut, überhaupt ein Mädchen anzusprechen.“

Das ging so bis zum Abitur und setzte sich in der Berufsausbildung fort. „Damenbekanntschaften", wie es vor zwanzig Jahren noch für ihn hieß, waren nie von langer Dauer. Sie liefen ihm weg, weil er einfach nichts hermachte. Er hatte seine Hobbys, den Amateurfunk z. B. Aber welche Frau interessierte sich schon dafür?

Was die Eltern noch an Selbstvertrauen hinterlassen hatten, das wurde Opfer der gleichaltrigen Kinder, der Schulkameraden, der Lehrer, die dem stillen Peter gegenüber auf eigenartige Weise anmaßend und respektlos waren. Den „Rest" besorgten dann die „Damenbekanntschaften" und ein autoritärer Chef, der Peter – seinen Buchhalter – ständig bis in die Nachtstunden hinein zu beschäftigen pflegte.

„Das zieht sich wie ein roter Faden durch mein Leben", erkannte Peter W. mit großer Trauer. Und dieser Leitfaden – Peter nannte ihn, als er das Wort einmal gesagt hatte, nur noch seinen *Leid*-Faden – war aus mehreren Strängen gewirkt.

Was alles nimmt einem Menschen sein Selbstvertrauen?

Die Psychologin Karen Horney hat bereits in den dreißiger Jahren beschrieben, was einen Menschen schüchtern und instabil macht:

- geringschätzige Behandlung,
- autoritär sein (nicht „Autorität haben"; wer autoritär ist, fordert etwas – nicht weil es sinnvoll ist, sondern weil er die Macht hat, was ein Mensch mit Autorität nie tun würde),
- Indifferenz den Meinungen und Gefühlen des Kindes gegenüber (sie werden totgeschwiegen, nirgendwo gibt es positive Resonanz oder Widerstand, „das war, als ob ich gegen eine Gummiwand anlaufe", erinnerte sich Peter W. an seine Jugend),

- wenig oder gar kein Respekt vor einem Kind und seinen Bedürfnissen und Forderungen,
- Fehlen von Wärme,
- Fehlen von Bewunderung,
- Isolation von anderen Kindern,
- Diskriminierung. (Peters Eltern gehörten einer religiösen Sekte an. Auf dem Dorf, in dem er aufgewachsen war, wurde er deswegen von anderen Kindern gehänselt.)

Leben Sie mit einem schüchternen Menschen zusammen?

Das können Sie tun:
1. Ein schüchterner Mensch braucht in höherem Maße als andere Menschen Liebe, Sicherheit und Geborgenheit.
2. Bekommt er dies, dann wird er sein Innenleben öffnen. Was darin zu sehen ist, muß nicht immer erfreulich sein. Schüchterne Menschen sind zwar nach außen „pflegeleicht", sie sind höflich, aufmerksam, versuchen nie, im Weg zu stehen. Aber jeder Mensch, und auch ein schüchterner, hat Schattenseiten, hat einen Macht- und Durchsetzungswillen. Weil beides immer unterdrückt und deshalb kaum trainiert worden ist, kann es hier zu unproportionalen Reaktionen kommen. Das Bild des Radfahrers taucht auf: nach oben buckeln, aber nach unten, wo es nicht mit Angst behaftet ist, treten. So etwas sollte nicht als Charaktermangel verstanden werden. Ein schüchterner Mensch weiß einfach nicht, wie mit der eigenen Kraft umzugehen ist.

3. Schüchterne Menschen leben oft in einer Art Traumwelt. In ihr findet vieles von dem statt, was andere Menschen in der Realität ausleben: Hier feiern sie großartige Feste, halten sie bewegende Reden, hier kämpfen sie Feinde nieder und erringen die Liebe der interessantesten Menschen. Es ist eine Ersatzwelt, in der der Schüchterne von sich selbst ein ganz anderes Selbstbild aufrechterhält als das, das er im Alltag zeigt und das die anderen Menschen von ihm kennen. Der Unterschied zwischen diesem „idealen" und dem „Alltags-Selbstbild" zeigt, wie groß das Leiden eines schüchternen Menschen sein kann: Tag für Tag ist der schüchterne Mensch nicht derjenige, der er sein möchte. Hilfe kann – so gesehen – auf zwei Wegen kommen: Das eigene Selbstbild muß sich dem eigenen Idealbild annähern, oder das Idealbild muß dem Selbstbild mehr entsprechen.
Wird der erste Weg gewählt, kann es zu einem Kompensationsverhalten kommen, das für Außenstehende manchmal nicht recht begreifbar ist: mit dem Geld um sich schmeißen, zu auffällige modische Klamotten tragen oder an irgendwelchen bizarren Schmuckstücken, zu großen Autos oder besonderen Einrichtungsgegenständen oder Verhaltensweisen „hängen".
Umgekehrt kann es hilfreich sein, wenn ein Schüchterner sich von seinen grandiosen Selbstbildern trennt und sich einfach sagt: „Ich bin schüchtern. Es gibt andere Menschen, die sehr viel mutiger, aber auch frecher und dreister sind. Ich kann mich in der Welt nicht auf die Weise der anderen durchsetzen. Wenn ich aber meinen Weg konsequent gehe, komme ich auch an mein Ziel."

Die Psychologin Alice Miller hat sich mit der Einschüchterung von Kindern und den Folgen dieser Erziehung befaßt. Sie ist u. a. zu folgendem Ergebnis gekommen:

> ... *ein Kind, das in der ersten Lebenszeit Liebe und Achtung erfahren durfte, wird sich später viel besser gegen Übergriffe seitens des Lehrers, des Vorgesetzten, des Partners wehren können als ein Kind, das schon zu Hause lernen mußte, daß es nicht widersprechen darf. Kinder, die sich bei ihren Eltern vehement vor Übergriffen wehren durften, werden niemals zu destruktiven Jugendlichen oder Erwachsenen. Es ist der dressierte, gehorsame Junge, der später zu unfaßbaren Taten fähig ist. Neben den Tagebüchern der Naziverbrecher, zum Beispiel des Auschwitz-Kommandanten Rudolf Höß, gibt es eine reiche Dokumentation über die Kindheiten der freiwilligen Vietnam-Kämpfer. Sie alle wurden zu Hause auf Gehorsam gedrillt.*

Im Gegensatz dazu steht die liebende Erziehung mit ihren positiven Folgen, zu denen z. B. die Entwicklung von Mut gehört. Noch einmal Alice Miller:

> ... *Gorbatschows Achtung vor den Menschen, seine Offenheit für das Gespräch, sein Mut, Fakten zu sehen, ihnen nicht auszuweichen und flexible Lösungen zu suchen, weisen eindeutig darauf hin, daß er in seiner Kindheit viel Gutes erfahren hat. Inzwischen kenne ich einige Einzelheiten über seine Kindheit, die meine Vermutung, daß Gorbatschow ein geachtetes und geliebtes Kind war, voll und ganz bestätigen.*

Hilfen bei Schüchternheit

Einer der großen Psychologen unseres Jahrhunderts, der Amerikaner Carl Rogers, hat eine besondere Methode der Gesprächsführung entwickelt. Sie kann bei allen Menschen eingesetzt werden, denen wir helfen möchten – also auch bei schüchternen und wortkargen.
Meist macht der hilfsbereite Mensch den Fehler, einen Ratsuchenden mit eigenen Meinungen, Erfahrungen und Lebensideen förmlich zuzuschütten. Besser, so Rogers, ist es, überhaupt erst einmal richtig zuzuhören, den anderen in seinem Reden dadurch zu bekräftigen, daß man Verständnis zeigt, ihn durch „ja“, ein „Hm“ usw. zum Weiterreden ermuntert. Was dann geschieht, erfährt der „aufdringlich Hilfsbereite“ nie: In aller Regel haben Menschen – wenn man sie nur ausreden läßt – eine sehr gute Einsicht in ihre eigenen Probleme. Und sie können – wenn die Einsichten einmal formuliert sind – meist sehr gut sagen, wo die Lösung für Probleme liegt. Zuhören ist also – sprichwörtlich – Geburtshilfe für heilsame Ideen.

Wie sieht eine Welt aus, die Schüchternheit züchtet?

Der amerikanische Psychologe Professor Philip G. Zimbardo zählt zehn Eigenheiten einer Kultur auf, die Schüchternheit fördern:

- Individualismus wird gefördert statt Solidarität.
- Egozentrik, Selbstverwirklichung, Psychotrips werden gefördert statt gemeinsamer Gruppenerlebnisse.
- Das Leben wird als Kampf angesehen. „The winner takes it all“, wer verliert, bekommt keine Sympathie, sondern wird geächtet.
- Hohe Forderungen werden an Menschen gestellt, aber: Niemand teilt den Menschen mit, wie sie mit dem Leben fertig werden sollen, wenn sie diese Ziele nicht erreichen.
- Das Zeigen von Gefühlen wird verpönt.
- Berührungen, Umarmungen und anderer körperlicher Austausch von Wärme sind ebenfalls verpönt.
- Liebe wird nicht – wie im christlichen Sinne – bedingungslos gegeben, sondern abhängig gemacht von einem bestimmten Verhalten (z. B. Erfolg in Schule und Beruf).
- Was ein Mensch in der Gegenwart, im Hier und Jetzt spürt, wird nicht wichtig genommen. Es wird an seiner Bedeutung „im Angesicht der Ewigkeit“ gemessen. So wird das Selbstwertgefühl eines Menschen entscheidend unterminiert.
- Eine Gesellschaft, die soziale Mobilität um jeden Preis fordert und fördert, zahlt damit in Form verschüchterter Menschen. Unstabile gesellschaftliche Verhältnisse liegen bei wirtschaftlicher Unsicherheit, bei einem Zerfall der Familie oder bei einem Ausrichten des Privatlebens allein nach beruflichen Anforderungen vor.
- Zerstören des Stolzes, zu einer gesellschaftlichen Gruppe zu gehören (zu einer Familie, einem Berufsstand, einem Verein, einer Partei).

Notizen

Notizen